回回民族學

四大藥方、「兩世」理念、阿拉伯書法、「合法」飲食、經堂教育，
從唐宋時期的歷史簡述到當今社會的回族文化

敏賢麟 ——主編

民族性 × 宗教性 × 地域性 × 時代性 × 共融性

研究回族的生產、生活情況和思想文化、民族精神等傳承現象，
揭示其發生、發展、變化、消亡的規律及其本質和社會作用——

· 據記載，航海的回回們握有航海指南「海盜針經」？　·宰殺禽畜時必須念誦真主尊名，否則屬於「非禮妄殺」？
· 元代設有廣惠司，專職「修製御用回回藥物及和劑」？　·夫妻產生感情裂痕須經親屬規勸，調解無效後才可提離婚？

目 錄

序

第一章　緒論

一、什麼是文化……………………………………………… 10

二、文化的結構與分類……………………………………… 12

三、回族文化………………………………………………… 13

四、回族文化的研究對象…………………………………… 14

五、回族文化的特點………………………………………… 14

六、回族文化的發展過程…………………………………… 19

第二章　歷史簡述

第一節　回族的來源………………………………………… 26

第二節　回族的形成………………………………………… 30

第三章　回族的宗教信仰 —— 伊斯蘭教

第一節　伊斯蘭教的興起…………………………………… 42

第二節　伊斯蘭教的基本信仰制度………………………… 46

第四章　中國的伊斯蘭教及其派別

第一節　早期伊斯蘭教在中國的傳播……………………… 60

第二節　中國伊斯蘭教的教派和門宦……………………… 64

目錄

第五章　回族的哲學思想和倫理道德

第一節　回族的哲學思想 ……………………………………… 76

第二節　回族倫理道德 ………………………………………… 84

第六章　回族的文化教育

第一節　經堂教育 ……………………………………………… 92

第二節　「以儒詮經」及其翻譯運動 ………………………… 95

第三節　近代回族的新文化運動 ……………………………… 98

第七章　回族的科學技術

第一節　回回天文學 …………………………………………… 106

第二節　回回醫學 ……………………………………………… 110

第三節　先進的回回軍事技術 ………………………………… 113

第四節　領先的回回航海技術 ………………………………… 115

第五節　現代回族院士和科學家 ……………………………… 117

第八章　回族文學與藝術

第一節　元、明、清時期的回族文學家及其成就 …………… 122

第二節　回族的繪畫、書法、建築與音樂藝術 ……………… 124

第三節　現當代回族作家 ……………………………………… 134

第四節　回族武術 ……………………………………………… 138

第九章　回族商業文化

第一節　古代回族商業 ⋯⋯⋯⋯⋯⋯⋯⋯⋯⋯⋯⋯ 146

第二節　近代回族商業發展 ⋯⋯⋯⋯⋯⋯⋯⋯⋯⋯ 152

第三節　新時期的回族商業 ⋯⋯⋯⋯⋯⋯⋯⋯⋯⋯ 153

第十章　回族民俗禮儀

第一節　家庭和人生禮儀 ⋯⋯⋯⋯⋯⋯⋯⋯⋯⋯⋯ 158

第二節　婚姻制度 ⋯⋯⋯⋯⋯⋯⋯⋯⋯⋯⋯⋯⋯⋯ 162

第三節　喪葬禮儀 ⋯⋯⋯⋯⋯⋯⋯⋯⋯⋯⋯⋯⋯⋯ 164

第十一章　回族的飲食與服飾文化

第一節　豐富多彩的回族飲食 ⋯⋯⋯⋯⋯⋯⋯⋯⋯ 170

第二節　回族服飾文化 ⋯⋯⋯⋯⋯⋯⋯⋯⋯⋯⋯⋯ 178

第十二章　回族愛國主義活動史

第一節　清代回族抗擊列強侵略的鬥爭 ⋯⋯⋯⋯⋯ 184

第二節　辛亥革命和護國護法鬥爭中的回族 ⋯⋯⋯ 194

第三節　抗日戰爭時期的回族 ⋯⋯⋯⋯⋯⋯⋯⋯⋯ 202

第十三章　回族名人

一、賽典赤・瞻思丁 ⋯⋯⋯⋯⋯⋯⋯⋯⋯⋯⋯⋯⋯ 212

二、明代開國功臣中的回族 ⋯⋯⋯⋯⋯⋯⋯⋯⋯⋯ 214

三、鄭和七下西洋 ⋯⋯⋯⋯⋯⋯⋯⋯⋯⋯⋯⋯⋯⋯ 219

四、清官海瑞 ⋯⋯⋯⋯⋯⋯⋯⋯⋯⋯⋯⋯⋯⋯⋯⋯ 223

目錄 ────────────────────

五、思想家李贄……………………………………………224

六、五朝元老馬文升……………………………………226

七、反清起義鬥士米喇印、丁國棟、杜文秀…………227

八、抗日名將白崇禧……………………………………231

參考書目

後記

序

　　人類文化的起源是多元的，一部人類文明的光輝歷史就是各個民族多元傳統文化發展的歷史。正是各個民族傳統文化的存在和發展，以及不同文化之間的交流和交融，才使文化在各個歷史時期呈現出色彩繽紛的多樣性。中國是一個多民族的大家庭，每一個民族成員都為中華文化的形成做出了自己的貢獻，同時又都保持著自己獨特的文化傳統和風俗習慣。

　　文化是一個國家和民族的靈魂，文化的力量，深深熔鑄在民族的生命力、創造力和凝聚力之中。文化透過教育傳承，教育的基本功能是繼承和發展文化，即透過選擇文化、傳承文化、創造文化實現文化與人的雙向建構和發展，民族教育也不例外。民族教育相對於普通教育而言，其特殊性應在民族性上。但是，長期以來，中國的學校教育對於少數民族的文化關注不夠，對不同區域、不同民族文化的差異性關注較少，學校教育表現出高度的統一性，主體文化成為人們的價值取向，學校教育的價值取向，也成為學生的價值取向。許多少數民族院校的教師、學生在接受主體文化薰陶的過程中，與自己民族的獨特的文化傳統日漸疏離，少數民族傳統文化的傳承也就失去了自己的傳承主體，這對少數民族傳統文化的傳承十分不利。同時，對於其他民族的師生來說，他們也更少有機會接觸少數民族文化，更不可能形成對少數民族文化系統完整的認識。少數民族傳統文化在缺少關注的情況下，特別是隨著現代化的不斷深入，它的發展就只能在自生自滅的狀況下逐漸消失，而民族傳統文化是不可再生的，一旦消失，將無法復原。

　　少數民族傳統文化包括了一個民族的生產、衣、食、住、行、婚姻、家庭、宗教、語言、文字、藝術、文學等物質與精神方面的文化因子。這

序 ———————————————————————

些文化因子不僅是一個民族所熟悉並長期維持的生活內容，更是一個民族
創造與智慧的表現，也是一個民族的象徵。民族院校保護和傳承少數民族
傳統文化具有十分重要的現實意義：第一，能夠增強與維護民族團結、振
奮民族精神。因為一個民族的傳統文化是這個民族所認同的民族一體化與
民族精神的象徵，民族院校做好保護傳承少數民族傳統文化，關乎著各民
族是否能夠和睦相處、增進民族團結、振奮民族精神，維護民族地區的社
會長期穩定。第二，能夠極大地促進各少數民族之間文化交流。民族院校
保護和傳承少數民族文化使各民族學生之間加深彼此對不同文化、風俗、
習慣以及信仰方面差異性的了解，促進各民族文化的交會與融合，也關乎
著民族教育事業的成敗。第三，能夠展現一個民族的文化形象。少數民族
文化是人類所擁有的共同的財富，在人類社會進程中可以看到，無數的文
化因子已使人類共同受益，少數民族文化更是少數民族熟悉的生活基礎，
為每一個民族提供了自己所熟悉的社會環境、生活技能，由於不同民族擁
有不同的文化，一種文化往往代表了一個民族，對於一個民族來說，文化
具有了形象價值。保護和傳承少數民族文化有利於外部認識並關注這個民
族，提升少數民族形象價值，增強一個民族的文化認同感和民族自豪感。

張俊宗

第一章　緒論

一、什麼是文化

　　當今世界各國學者對「文化」兩個字的解釋，可謂眾說紛紜、莫衷一是。從文化人類學上講，一般意義上的文化就是英文中的「Culture」的含義，即包括人類所創造的所有物質文化和精神文化。大體說來，物質文化是指人類在一定的自然環境、社會關係和生產力條件下從事物質生產和生活的各種方式及其勞動成果。它包括了政治經濟學上所說的生產力、生產關係和經濟基礎。與物質文化相對應的精神文化，主要指人類在生產、生活中形成和發展起來的語言文字、心理情感、思想意識、文學藝術、風俗習慣、宗教信仰、倫理道德以及政治、法律制度和家庭、氏族、胞族、部落、國家等各種社會組織的關係。一般來說，人類所創造的文化，由於環境不同、時代不同、國家不同、民族不同、階級不同、社會形態不同而千差萬別。由於這個原因，人們很難為所謂的「文化」下一個清楚而完整的定義。1952 年，美國人類學家克羅伯（A. L. Kroeber）和克拉克洪（Clyde Kluckhohn）合著的《文化 —— 有關概念和定義的回顧》一書，列舉了西方學術界從1871 ～ 1951 年這80 年間出現的各種「文化」的定義160 多種，其中尚不包括中國、蘇聯、東歐各國有關「文化」的種種定義。

　　在中國的漢語中，「文化」是「文」與「化」這兩個字的組合。「文」字在甲骨文中的意思是人體上所做的紋身，後來引申為各色交錯的紋理，進而引申為文章教化、禮樂制度等。「化」字出現較晚，有變異、生成諸義，指事物性質和形態的變化，也引申為教化、遷善的人文意義。後來兩字合用，出現於《周易·賁卦·相傳》：「觀乎天文，以察時變；觀乎人文，已化成天下。」在這裡「以文教化」的思想已經十分明確。至西漢劉向的《說苑》始將「文」「化」二字聯成一詞：「聖人之治天下也，先文

德而後武力。凡武之興，為不服也，文化不改，然後加誅。夫下愚不移，純德之所不能化，而後武力加焉。」這裡「文化」一詞在漢語中的本意是指以文德教化天下，與「武治」相對。

由此可見，中國人的傳統觀念中的「文化」與西方人的傳統觀念中「Culture」的詞義明顯不同。「文化」的本意是「以文教化」，強調的是人類的社會活動，偏重於精神領域；而西方的文化人類學上的「Culture」則從人類的物質生產活動出發，進而引申到精神領域，它的本意強調的是人與自然的關係。

同時也應該看到，這兩個詞彙又都具有一個共同的本質，即都強調人的社會實踐活動。在這種有意識、有目的的社會實踐活動中，主體是人類自身，客體是自然界和人類社會諸多領域。

綜上所述，我們可以認為文化大體上有兩個方面的含義，即所謂廣義的「文化」，是人類有意識地作用於自然界和社會，乃至人類自身的一切活動及其結果。所謂狹義的「文化」，是指人們在長期的社會實踐中創造和發展起來的，積澱在每一個民族中間比較穩定的觀念形態的東西，如習俗、禮儀、宗教、藝術、思想、科學、制度等諸多層面的內容。它是一個民族的歷史遺產在現實生活中的展現，載負著一個民族的價值取向，鑄造了一個民族獨特的精神氣質和個性，影響著一個民族的生產生活方式，聚攏著一個民族自我認同的凝聚力。本書所講的文化主要指「狹義」的文化。

二、文化的結構與分類

　　文化的內涵非常豐富，外延也不易確定。前述把文化區分為廣義和狹義的文化，只是研究者從不同的學科和課題需要出發進行的分類。如《大英百科全書》（1973-1974 年）也將「文化」分為兩類，第一類是「一般性」的文化，即文化等同於「總體的人類社會遺產」；第二類是「多元的相對的」文化概念，即「文化是一種淵源於歷史的生活結構的體系，這種體系往往為集團的成員所共有」，包括「語言、傳統、習慣和制度，包括有激勵作用的思想、信仰和價值，以及它們在物質工具和製造物中的體現」。這種分類方法實際上就是對「文化」概念所作的典型的「廣義」與「狹義」的區分。西方著名的人類學家泰勒（E.B. Tylor）曾為文化先後下過兩個定義，大同小異，在西方號稱「經典」。他認為，「文化或文明是一個複雜的總體，它包括知識、信仰、藝術、道德、法律、風俗，以及人類在社會裡所獲得的一切能力與習慣。」[001] 實際上泰勒對文化的界定相當於「狹義文化」的定義。此外，文化研究者們還根據不同的研究視角，對文化的結構進一步作出不同的分類：例如，從時間角度上，可分為原始文化、古代文化、近代文化、現代文化等；從空間角度上，可分為東方文化、西方文化、海洋文化、大陸文化等；從社會功能上，可分為禮儀文化、飲食文化、制度文化、宗教文化、服飾文化等；從文化的自身發展的內在邏輯層次上，可分為物質文化、精神文化兩個層次，如此等等不一而足。本書主要從總體角度上概論文化，所及內容基本上不出「狹義文化」的範圍，在文化結構的分類上，主要採用精神文化、行為文化、制度文化三層次說。

001　E.B. 泰勒著，連樹聲譯：《原始文化》，上海文藝出版社，1992 年。

　　精神文化，這是人類在長期的社會實踐活動中總結昇華出來的價值觀念、知識系統、審美情趣和思維方式等的總和。包括宗教信仰、哲學思想、倫理道德、民族精神、愛國思想、文學藝術、科學技術等等。

　　行為文化，是人類在長期的社會實踐和複雜的人際交往中約定俗成的習慣性定勢，是以民風和民俗形態出現，見之於日常生活中的，具有鮮明的民族特性和地域特性的行為模式。包括禮儀文化、服飾文化、飲食習俗、喪葬習俗等等。

　　制度文化，是人類在社會實踐活動中所建立的各種社會規範的總和，包括婚姻、家庭、政治、經濟、宗教制度等等。

三、回族文化

　　中國是一個多民族的國家，各兄弟民族都是中華民族大家庭中平等的成員，共同創造了源遠流長、燦爛輝煌的中華文化。從古到今，中華民族大家庭中各個民族沐浴著中華文明的歷史風雨，秉承「和而不同」、「美美與共」的文化理想與信念，團結進步、艱苦奮鬥、不斷向前發展，形成了中華民族多元一體的文化格局。

　　所謂回族文化，就是回族人民在長期的生產、生活中，以伊斯蘭文化為核心、吸收中華傳統文化而創造的一個文化體系。主要指回族的宗教信仰、哲學思想、倫理道德、科學技術、文學藝術、民族意識、審美情趣、生活習俗等觀念形態的東西。

　　回族作為中華民族大家庭中的一員，是一個形成較晚的民族。中華文明和伊斯蘭文明這兩大古老而偉大的文明之河在東方交匯，共同哺育了回族人民，塑造了回族獨有的民族精神和文化內涵。回族文化載負著中華文

明與伊斯蘭文明的共通因子，傳承著兩大文明的優良傳統，兼容並蓄、內涵豐富、和而不同、剛健自強，富於創新活力。

四、回族文化的研究對象

回族文化作為一門獨立的人文科學，就是研究回族人民的生產、生活情況和思想文化、民族精神等的傳承現象，揭示其發生、發展、變化、消亡的規律及其本質和社會作用。

回族文化的研究對象範圍很廣，主要可以分為六個方面：一是回族文化的來源。具體研究回族的形成以及回族文化的淵源。二是回族的宗教信仰、哲學思想，著重研究回族信仰堅定、愛國愛教、剛毅進取、奮發有為的民族文化心態。三是回族的倫理道德，著重研究回族的家庭倫理和社會道德觀念及其作用。四是回族的民俗表現形式及其產生和演變情況。五是回族的生產、生活等，著重研究回族的社會生活以及不斷發展進步的生產經營理念。六是回族的愛國主義思想及其主要貢獻。回族人民雖經歲月沖蝕，飽經滄桑，但愛國愛教的精神長存，剛毅進取、奮發有為、與兄弟民族團結奮鬥的風範永在。透過對上述回族文化的研究，從而進一步認識回族，認識回族文化的內涵和價值。

五、回族文化的特點

從文化的內涵定義出發，我們可以把文化看作是人類生產、生活的寫照和人類社會實踐活動的結晶，因此，文化必然具有普遍性的特點。而人類的活動，是在不同的時間、不同的地域和不同的社會環境下進行的，這

又使文化具有種種不同的差異性。對回族文化的共性和各種差異性進行研究、概括，可以看到，回族文化具有如下五個顯著特徵：

（一）民族性

人類與動物的顯著區別就在於人類的社會性，因此人類的活動總是帶有社會團體性質，以實現社會團體的利益為活動的目的和方向。當不同的社會團體分化、整合為民族的時候，反映這種以團體利益為活動方向的社會文化，便自然地帶有民族文化的特徵。

回族在長期的發展歷史中形成了一種為全民族所恪守的共同的風俗習慣、價值觀念、心理狀態、民族情感和民族意識，這些是民族文化的突出表現。這些要素，有的雖與伊斯蘭教有一定連繫，但又不完全等同於伊斯蘭教教規，也有別於信仰伊斯蘭教的其他民族。如回族愛清潔、講衛生的習俗，內聚力強，團結互助、尊老愛幼的傳統，回族善於經商的傳統，都已成為回族的主要特點。回族的人生禮儀、飲食習俗、婚姻習俗、節日習俗等等，都富有典型的民族特色。

（二）宗教性

回族基本上是一個全民信教的民族，伊斯蘭教對回族的形成和發展起了決定性的紐帶作用。回族文化是以伊斯蘭價值觀為統攝的，兼容中華傳統文化形成的一種全新的複合性文化體系。伊斯蘭文化是回族文化的核心精神。伴隨著民族的形成和發展而傳承下來的回族文化，具有鮮明的伊斯蘭教特色。如伊斯蘭教規定的念、禮、齋、課、朝「五功」，始終成為回族宗教功修禮儀的核心。回族喪葬習俗至今仍按伊斯蘭教規執行。如回族實行土葬、忌火葬，主張速葬、薄葬。回族禁忌中的禁食豬肉、自死物、

血液，禁飲酒等習俗，也源於伊斯蘭教。回族人生禮儀中的道安問好（說色蘭）、割禮習俗等等，都是伊斯蘭文化在回族民俗中的具體表現。

（三）地域性

人類的活動必須借助一定的空間才能進行，因此，文化也就很自然地具有地域的特性。文化的地域性與文化的民族性是緊密相連的，因為一般民族都是帶有區域性的社會共同體，民族文化在某種程度、某種角度上，也反映出區域文化的特點與內容。回族發展中形成了大分散、小聚居的分布格局，而在中國各地由於受一定地域的生產條件、生活環境的制約，其文化現象也在一定程度上具有地方色彩。就回族飲食習俗來講，形成了不同的風味名菜。如北京回族的涮羊肉、陝西回族的羊肉泡饃、蘭州回族的牛肉拉麵、寧夏回族的粉湯餃子、雲南回族的清蒸沙鍋雞，河北、東北等地回族的羊肉小吃等等。在居住習俗、稱謂習俗、服飾習俗等方面，同樣具有地方性特徵。特別是服飾習俗，東西部和南北方有明顯的差異。如西北中年婦女一般戴青色蓋頭，老年婦女戴白色蓋頭，而福建青年婦女戴白色蓋頭，老年婦女戴青色蓋頭。

（四）注重現實，追求「兩世」

伊斯蘭文化所高揚的人本主義精神和現實主義理念，成為回族文化中重要的人生哲理。《可蘭經》中有許多鼓勵人們重視現實生活的表述：「誰想獲得今世的報酬，我給誰今世的報酬；誰想獲得後世的報酬，我給誰後世的報酬。我將報酬感謝的人。」（3:145）《聖訓》中說：「你們中最優秀的，不是為了後世而放棄今世，也不是為了今世而放棄後世，而是兩世並重。」要求人們恰當處理好世俗生活和宗教生活的關係，既不能因

忙於勞作而忽略了精神修練的追求，也不能因為沉湎於宗教功修而忽略了勞動和工作，失去發展的機會。伊斯蘭文化追求「兩世幸福」的理念，對引導和鼓勵回族群眾珍視今世，誠實勞動，勤奮工作，創造幸福的現實生活；同時注重宗教功修、提倡精神修養，追求後世的安寧，產生了很大的影響。

（五）時代性

任何人類活動，都是在特定歷史條件下進行的，因此，文化是一定社會、一定時代的產物，是一個歷史範疇。每一代人都生活於一個特定的文化環境下，他們很自然地從上一代那裡繼承傳統文化，並根據新的時代需要對其進行利用和改造，使其適應新的時代要求，因此，文化又同時具有傳承性和變異性。回族文化是在歷史發展過程中形成的，每個階段的文化都留下了鮮明的時代烙印，都有不同的表現形式。如回族婚姻習俗中曾有的一夫多妻現象，這種現象的產生有其特殊的社會背景，穆斯林帝國早期戰爭頻仍，大量的成年男子在戰場上犧牲，政教領袖鼓勵有條件的男子多娶妻子，以解決失去丈夫的婦女的生活出路問題。此種變通做法後來成為部分穆斯林男子娶妻納妾的「成例」加以效仿，流弊傳於中國回族。再如，過去回族姻親關係以中表親、姨表親為貴，「姑舅親，打斷骨頭連著筋」，認為親上加親、牢不可破。現在回族群眾普遍接受了近親婚配不科學的理念，不再提倡親上加親。在姓氏習俗中，這種歷史發展的軌跡也較明顯。回族先民在元代以前來華時，只有名而無姓，後來取姓，但仍保留回回經名，如馬穆薩、李主麻、王阿里等，再後來直接取漢姓漢名。此外，有些習俗在歷史發展中經過改造、凝練，最後形成回族的民俗文化，世代傳遞。如回族的武術、花兒、宴席曲、彈口弦等民俗，雖然是在一定

歷史條件下形成的區域性習俗，但由於它在一定層面上反映了回族人民的心理情感和生活方式，得到了繼承、傳播和發揚光大。

（六）共融性

　　文化從本質上講是對自然的人化，勞動創造了人，人在勞動中創造了文化。人類的活動是在社會中進行的，所以文化是人類共同創造的社會性產物，是人類在長期的社會實踐中的經驗累積和知識匯聚、交流的結晶，它為人類社會成員共同接受、共同享有。回族與漢民族和其他兄弟民族世代雜居，其文化中有不少要素是由多種文化類型互化與整合的結果，表現出了多層次、多形式的共融性特徵。最為明顯的是回族文化中既有阿拉伯、波斯伊斯蘭文化的基因，又有中華傳統文化及其他少數民族文化的要素融入。從回族的哲學思想看，明清時期的回族學者將「認主獨一」的教義與儒家程朱理學中的「太極說」有機地結合起來。一方面承認太極學說中關於萬物統一於五行，五行統一於陰陽，陰陽統一於太極，太極本無極的說法；另一方面，又提出在無極和太極之先，還有一個「造化之原主」，這就是「真一」（即真主），認為真主才是造化天、地、人、物的本體和世界萬事萬物的總根源。這樣既堅持了伊斯蘭教關於「一切非主，唯有真主」的基本信仰，又吸收了儒家學說，形成了有別於其他伊斯蘭教國家的「認主獨一」的教義。從回族的工藝美術看，這種共融性特點非常明顯和突出。如回族的清真寺建築，既有伊斯蘭圓柱拱頂式建築，但更多的則是中伊合璧式或純中國宮殿式建築。在圖案上，阿拉伯幾何圖形與中國花卉圖案相交織。整個建築的布局、造型以及內部裝飾既有伊斯蘭風格，又融進中華傳統文化和諧對稱的理念。回族飲食文化中的共融性特點也很突出，如回族傳統食品油香，原為古波斯待客食品。回族的羊肉泡

饃，其饃源於阿拉伯地區的托托饃。西北回族中的粉湯餃子，做法源於漢族的食品。回族的服飾文化、語言文字，更是伊斯蘭文化和中華傳統文化融合的結果。現在回族除了留鬍子、戴白帽、搭蓋頭、穿青坎肩等習俗外，隨著時代的變化，已與漢族著裝沒有什麼大的區別。回族的語言除了口頭上還保留一些常用的阿拉伯語、波斯語宗教術語和詞彙外，基本上都使用漢語言文字。

六、回族文化的發展過程

　　回族的形成是以伊斯蘭文化為紐帶，把來華的阿拉伯、波斯人和返回中國的突厥語伊斯蘭各部族（大部分中亞、西亞突厥人原本起源於中國）融合在一起，同時吸收蒙古族、漢族等其他民族進來，形成的一個新的民族共同體。回族文化是以伊斯蘭文化為核心，融合中華傳統文化形成的一種全新的文化體系。回族文化的產生、形成乃至在後來的發展過程，都是伊斯蘭文化與中華傳統文化由相互碰撞、相互借鑑到融合發展的過程。

（一）唐宋是回族文化的萌芽時期

　　唐時，中華帝國高度統一和空前強盛。同一時代，隨著伊斯蘭教的傳播，一個橫跨亞、非、歐三大洲的阿拉伯帝國在西方奇蹟般地崛起。兩大文明帝國以開放的胸襟放眼天下，開始了歷史性的對話，中西交通大開，中阿貿易逐漸繁盛，大批阿拉伯、波斯及中亞穆斯林貢使、商人和知識分子絡繹不絕地來到中國，形成唐時的「蕃客」、「胡商」。伊斯蘭教隨著這種交往也東傳中國。兩種在當時的世界上發展水平最高的文化 —— 中華文化和伊斯蘭文化開始碰撞、交流，回族文化開始萌芽。這一社會進程

貫穿了整個唐、宋時期。這時回族的先民們在堅守祖教的基礎上，努力學習漢語言文字，考取功名，甚至在文化科學史上取得了一席之地，為居住國貢獻了才智。在唐代，李珣諳悉華夏文學的傳統與技巧，擅長以清疏之筆寫明淨澄澈的山水風光，藉以訴說人性向大自然的復歸，反映了他超凡脫俗的清真品格和積極處世的理想。除李彥升登進士第外，回回人讀書應試及第者頗多。宋代著名天文學家回回人馬依澤家族浸染中華文化很深，後裔中進士者甚多。

（二）元代是回族文化的初步形成時期

十三世紀初期，一代天驕成吉思汗在蒙古草原橫空出世，統一蒙古各部落。西元 1219 年，成吉思汗率領的蒙古大軍拉開了對中亞、西亞和東南歐廣大地區大規模軍事征服的序幕。半個世紀後蒙古人建立了橫跨歐、亞兩大洲的蒙元大帝國。

蒙古西征掀起了人類歷史上草原游牧民族與農耕民族大遷徙和大融合的最後一次浪潮，長期中斷的絲綢之路得以復興，東西方交通高度發達，商業盛極一時，政治、經濟、文化之間的交流空前繁榮，國際關係得到重組，中國成為當時世界政治舞台的中心和各個民族交往薈萃、多元文明相互碰撞的交匯地。中國的造紙術、指南針、瓷器、絲綢、算術和藝術等方面的成就，透過阿拉伯人更加廣泛地傳播到西方，大批的回回人在征戰中籤發東來，阿拉伯、波斯的宗教文化、天文、數學、醫藥、建築、藝術等領域的成果隨之傳入中國，創造了人類文化共享的歷史盛景。伊斯蘭文化與中華傳統文化開始了更深層次的對話和交融，推進了伊斯蘭教在中華大地的迅速傳播，回回民族共同體和回族文化在此基礎上初步形成。其表現形式為，一是元代官方文書中有答失蠻（波斯語 Danishimand 的音譯，伊

斯蘭教士)、迭裡威失(波斯語 darwish 的音譯,蘇非派修道士)、哈的大師(阿拉伯語 Gadi,伊斯蘭教法官)、喝拜者(阿拉伯語 Mu'azzin,譯為穆安津)等神職人員稱號。[002] 伊斯蘭教中的各種神職人員稱號,元代大體上已經出現,可見伊斯蘭教在中國的傳播是合法的、規範的、全方位的。二是以突厥語諸部族穆斯林為主的西域色目人(即回回人,包括早期來華的阿拉伯人、波斯人)於乙未年(1235年)取得中國戶籍,這就是著名的「乙未籍戶」。[003] 回回人正式被政府編入戶籍,這是回族形成過程中具有歷史意義的一件人事,它代表著回族「僑民」(蕃客)階段的結束,「國民」資格的取得,有利於回回民族共同體的形成和發展。回回民族共同體的形成,元政府實行的戶籍制度起了推動作用,因為元政府把三十一種色目人按種族和宗教信仰分為回回、畏吾兒、也里可溫幾種,這在客觀上有利於以回回的名義進行自然而然的民族融合,回回民族共同體在這種融合中逐步形成和壯大。三是回族文化初步形成,指的是剛剛取得「國民」身分的回回人中的中上層接受漢文化,取漢文名字,「業詩書而工文章」,開始「華化」。[004] 元代回回群體中兼通兩種文化的英才輩出,如著名建築家亦黑迭爾丁,天文學家扎馬魯丁,文學藝術家撒都剌、馬九皋、高克恭、丁鶴年,百科全書式學者瞻思,著名政治家賽典赤·瞻思丁等等。代表著伊斯蘭文化與中華傳統文化正在進行深度融合。但這種「伊儒合璧」還未達到爐火純青的定型階段,因為回回人的下層軍人、工匠、傳教士依舊在伊斯蘭文化的封閉圈子內蹣跚。蒙古統治者為了便於布政撫民,在以蒙古語為「國語」的同時,尚以波斯語(回回語)為官方使用的語言文字。元政府規定,政府工作中填表造冊時,還要同時「造蒙古、回回、漢

---

002 邱樹森主編:《中國回族史》,寧夏人民出版社,1996年,第137頁。
003 《通制條格》卷二《戶令·戶例》。
004 陳垣:《元西域人華化考》,上海古籍出版社,第134頁。

字文冊」。[005] 這裡既反映了蒙古人對回回人的器重，但也說明大部分回回臣民尚未全面接受中華文化，現代意義上的回族文化尚未完全形成。根據著名史學家白壽彝的觀點，擁有「經濟能力、政治能力和知識能力」的回回人並沒有做將伊斯蘭文明向周邊的兄弟民族積極介紹的工作，「沒有一部用中文寫成的教義書籍給大家看」，「教內的宗教教育好像也並不發達。」「這個時候的宗教似已有侷限於禮拜寺以內的傾向了」。[006] 由此說明，蒙古帝國及元代時期是回族文化的初步形成時期。

（三）明清是回族文化的完全形成時期

元朝建立以來，回族軍人的軍事任務基本結束，在各駐防區「下馬為民」、「屯聚牧養」。形成了後來回族散居中華大地上「大分散、小聚居」的空間分布格局。回族人民與漢族等兄弟民族比鄰而居，成為一個世居中國的少數民族，在社會、政治、經濟、文化等各方面相互借鑑，互通有無，在儒家文化的「汪洋大海」之中發展、壯大。這種特有的生存和發展經歷決定了回族文化與中華傳統文化的緊密關聯性，迎來了明清時期以漢文譯著為代表的回族伊斯蘭文化「以儒詮經」的高峰時期。回族先賢王岱輿、馬注、劉智、伍遵契等開展伊斯蘭文化的漢文譯著運動，創造和發展了回族文化，其中劉智達到了用漢文闡釋伊斯蘭教義的頂峰，他的《天方性理》、《天方典禮》、《天方至聖實錄》是回族最重要的文化遺產之一。

明清時期的回族學者堅持「義以穆為主、文以孔為用」，[007] 將伊斯蘭教義和哲學思想與儒家程朱理學融會貫通，有機地結合起來，重新闡發其

005　《元史》第 2554 頁。
006　白壽彝：《中國回教小史》，寧夏人民出版社，2000 年，第 64 頁。
007　楊懷中、余振貴：《伊斯蘭與中華文化》，寧夏人民出版社，1995 年，第 386 頁。

意，建立了一整套全新的回族哲學體系和倫理規範，代表著回族文化的完
全形成。

第一章　緒論

第二章　歷史簡述

第一節　回族的來源

一、「回回」一詞的闡釋

「回回」一詞作為民族群體的指稱，學術界歷來有不同的觀點。明末清初的大學者顧炎武在《日知錄》中說：「唐之回紇即今之回回是也⋯⋯其曰回回者，亦回鶻之轉音也。」[008] 楊志玖、白壽彝等回族學者也認為這是「回紇」、「回鶻」的音轉。楊志玖說：「民間用回回來代替回鶻、回紇的原因並不難理解。『鶻』『紇』這兩個字對於一般民眾相當難認難寫，因此當他們聽說這種人是回鶻或回紇時，他們一定辨不清第二個音所代表的字。由於發音相近，於是把第二個音也聽成和第一個音相同的字，把回鶻或回紇稱為回回。回字既易寫也易認，唸起來也順口，因之『回回』一詞便流行於民間。」[009] 白壽彝提出：「元時『回回』一名開始代替『大食人』，被作為信仰伊斯蘭教者的名稱。在它代替『大食人』一名詞之前，本是『回鶻』、『畏兀』的變音，是專指畏兀兒民族說的。後來又用這個名詞簡稱波斯人。」[010] 但也有學者否認「回回」是回紇或回鶻的音轉，如清人錢大昕就認為：「回回者，西北種落之名，其別曰答失蠻、曰迭裡威失、曰木速魯蠻、曰木忽、史稱大食、于田、拂林者，大率皆回回也。」[011] 湯開健認為，「回回」當指西夏境內諸混居民族，如吐蕃、党項、吐谷渾、回鶻、韃靼等，他們「完全有可能透過長時間的雜居，婚配而融合成為一個新的共同體，這個共同體就是北宋時期為西北人民俗稱的『回

008　顧炎武：《日知錄》卷二九《吐蕃回回》。
009　楊志玖：《元史三論》，人民出版社，1985 年，第 148 頁。
010　白壽彝：《中國回教小史》，寧夏人民出版社，2000 年，第 19 ～ 20 頁。
011　轉引自馬以愚《中國回教史鑒》（寧夏人民出版社，2000 年）第 40 頁。

回』」。[012] 元初蒙古人還把穆斯林稱為「撒兒塔兀勒」、漢譯作「回回」。蘇聯著名中亞史學家威廉·巴托爾德在《中亞突厥史十二講》中說：「Sartagul，Sartaul 或 Sartol 等詞在蒙文和藏文史料中能經常見到。在漢文史料中這一術語被譯作回鶻（回紇）或回回。回鶻和回回最初用以對維吾爾族的稱呼，後來通常指突厥斯坦人，最後則泛指所有的穆斯林民族而不問其民族出身。到蒙古統治時期，最後的這個意義已完全確定下來。」[013] 而將「回回」和「教」並稱為「回回教」則是元末明初之事，如史書記載，西洋古力國（今印度科澤科德）「半崇回回教，建禮拜寺數十處。」[014]

　　回族史專家李松茂從「回回」族稱指代內涵的歷史脈絡對此做了更加全面、系統的論述：一、「回回」一詞最早出現時，是回紇的轉音，和伊斯蘭教無關；二、元朝時，「回回」一詞成為伊斯蘭教信仰者的統稱，在多數情況下和「穆斯林」同義；三、「回回」一詞和「教」聯在一起，稱「回回教門」、「回回教」，是元末明初的事，清代以宗教作為民族的標誌，泛稱中國信仰伊斯蘭教的民族為「回回」；四、1956 年，國務院決定不再稱「伊斯蘭教」為「回教」，一律稱「伊斯蘭教」，「回回」專稱「回族」；「回族」和「伊斯蘭教」的關係被重新界定。[015] 歷史上對「回回」一詞的辯論和解釋至此塵埃落定。

二、回族的先民 —— 唐宋時期的穆斯林「蕃客」

　　關於回族的族源，可以上溯到西元 7 世紀初來華的阿拉伯傳教士。唐武德中（618-626 年），阿拉伯傳教士已來到泉州。此說見於明代何喬遠撰

012　湯開健：《夢溪筆談「回回」一詞再釋》，《民族研究》1984 年第 1 期。

013　（蘇）威廉·巴托爾德：《中亞突厥史十二講》，中國社會科學出版社，1984 年。

014　《古今圖書集成》卷 85《邊裔典·西洋古力部匯考》。

015　李松茂：《「回回」一詞和伊斯蘭教》，《回族伊斯蘭教研究》，寧夏人民出版社，1993 年。

第二章　歷史簡述

《閩書》卷七《方域志·靈山條》，張星烺在其編著的《中西交通史料彙編中》，也支持此說。1980 年代對泉州靈山聖墓的研究也證明了此說是真實的。[016] 據《舊唐書·大食傳》記載，唐高宗永徽二年（651 年），阿拉伯帝國（中國人稱之為大食）第三任哈里發奧斯曼首次向唐朝遣使朝貢，此後，經常有「朝貢使」和商人透過陸路和海路往返於中國，據歷史學家陳垣在《唐時大食交聘表》中的統計，自西元 651 至 798 年共 148 年間，大食「正式遣使之見於記載者，已有三十七次。其遺漏未及記載者，當更不止此」。這一數字說明雙方的交往是比較頻繁的。據唐代高僧鑒真記述，天寶年間海南島已有許多波斯人村寨：「南北三日行，東西五日頁行，村村相次。」[017] 唐朝先後在廣州、揚州、泉州、明州（浙江寧波）等國際貿易港口設有專管海外貿易、稅收、外事事務的市舶司，說明唐朝對外貿易之盛。《資治通鑒》貞元三年記載，天寶以來，阿拉伯、波斯等西域來華的「胡客」，「留長安久者或四十餘年……安居不欲歸……有宅者……凡得四千餘人。」

這些來自阿拉伯、波斯及西域諸部族商人和貢使等絡繹不絕，留居中土且長期不歸，形成了唐時的京都長安「蕃客」、「胡商」雲集，「九天閶闔開宮殿，萬國衣冠拜冕旒」的盛世景象，更有「長安胡化極盛一時」的驚嘆。[018] 唐天寶 14 年（755 年），安祿山反叛，幾乎推翻大唐社稷，唐政府向大食等國借兵平叛，「至德二載九月，元帥廣平王統朔方、安西、回紇、南蠻、大食之眾二十萬東向討賊」。[019] 大食軍人和回紇人在收復西

016　馮今源、沙秋真著：《伊斯蘭教歷史百問》，今日中國出版社，1989 年，第 102、105 頁。

017　（日）真人元開著，汪向榮校註：《唐大和尚東征傳》，中華書局，1979 年。

018　《貞觀政要·慎所好》，引自楊懷忠、余振貴主編《伊斯蘭與中華文化》（寧夏人民出版社，1995 年）第 55 頁。

019　《舊唐書·肅宗本紀》，中華書局，1957 年點校本。

京長安和東都洛陽後定居中土。此時的回紇人中已有伊斯蘭教徒，安徽和縣《撒氏宗譜》載：「撒氏始祖居西域，為回紇人，後為唐平叛，以其功被封懋王」。[020] 這些來自西域的穆斯林「蕃客」、「胡商」在「蕃坊」周圍建立起清真寺，圍寺而居，這部分人成為回族最早的先民。

　　歷經五代至宋、遼、金、夏時期，從阿拉伯及波斯一帶東來中國的商人、使者有增無減，據不完全統計，從宋太祖開寶元年（968 年）到宋孝宗乾道四年（1168 年）的 200 年間，大食國曾遣使中國 49 次，一般商人來華貿易的就更多了。這些阿拉伯、波斯商人到中國後，中國政府對他們在經商貿易方面給予鼓勵和保護，並且照顧他們的生活習慣，規劃臨近江海的地區作為他們的居留地，允許他們與漢族通婚和攜帶家眷定居，這些都為他們在中國長期定居提供了有利的條件。於是，「蕃客」或長期居住不歸，在中國娶妻；或舉家僑居，世代繁衍，他們在中國所生後代稱為「土生蕃客」。宋人朱彧在《萍州可談》卷二記載：「廣州蕃坊，海外諸國人聚居。……蕃人衣裝與華異，飲食與華同」，「至今蕃人但不食豬肉而已」，「非手刃六畜則不食」。[021] 這裡反映了穆斯林的生活習慣和飲食禁忌。宋代「在人數上、在貨物的價值上說，大食商人都超過別國的商人。」[022] 大食商人中蒲姓族人如蒲亞里、蒲霞辛可、占城蒲姓、蒲羅辛、蒲壽庚等雄踞粵閩，執掌海外貿易大權，富甲一方。[023] 宋代也有被中國政府請來的科學家，著名的有安徽馬依澤。據譜載，始祖馬依澤，為西域魯穆（今土耳其羅姆）人，參與編撰《應天曆》，引入阿拉伯黃道十二宮和星期制度，書成授封世襲侯爵，官司天監正。其後裔歷經宋、元、明、

020　魏德新：《中國回族姓氏溯源》，新疆大學出版社，1999 年，第 134 頁。
021　轉引自邱樹森主編《中國回族史》，第 109 頁。
022　白壽彝：《中國回教小史》，寧夏人民出版社，2000 年，第 50 頁。
023　楊懷忠、余振貴主編：《伊斯蘭與中華文化》，寧夏人民出版社，1995 年，第 68 ～ 72 頁。

清及近代，人才輩出，「今已傳至四十代，人口遍布中國各省及港台地區……為中國回族重要家族之一。」[024] 從回族形成的整個過程看，唐、宋時期來華的阿拉伯人、波斯人構成了回族族源的一部分，但不是主體。構成回族族源的主體部分應該是蒙古帝國及元代時期由蒙古軍從中亞、西亞簽發東來的突厥諸部族穆斯林（回回）和後來皈依伊斯蘭教並融入回族之中的蒙古人、漢人。

第二節　回族的形成

一、蒙古軍西征與回回東遷

　　十三世紀，蒙古人先後發動五次大規模西征，即成吉思汗西征（1219-1223 年）、哲別和速不台西征（1220-1224 年）、綽爾馬罕和拜住西征（1230-1245 年）、拔都西征（1236-1242 年）和旭烈兀西征（1253-1260 年）。蒙古軍先後攻占了中亞、西亞直至東南歐大片領土，建立了橫跨亞、歐的蒙古大帝國。在西征的同時，蒙古軍大規模南進，連續進攻金朝，攻滅西夏。窩闊台、蒙哥即汗位後，繼續率軍南下攻滅南宋王朝。經過近半個世紀的征戰，忽必烈於 1271 年建立元朝。

　　蒙古貴族征服中亞、西亞後，大批操突厥語的各地區各部族人（不花剌人、撒馬爾罕人、花剌子模人、哈剌魯人、阿兒渾人、康裡人、欽察人）以及部分波斯青壯年，組成「西域親軍」和「探馬赤軍」隨之東來，參加蒙古貴族對中國各地的征服戰爭。探馬赤軍是蒙古人從被征服的西域各部族中挑選士兵混編成的精銳軍隊，其職司是「上馬則備戰鬥，下

024　魏德新：《中國回族姓氏溯源》，新疆大學出版社，1999 年，第 133 頁。

馬則屯聚牧養」[025]，兼有扈從、先鋒之職責。同時，蒙古人對有手藝的工匠俘而不殺，帶回蒙古本土和中原各地，為蒙古貴族製作兵器和各類生活用品。與蒙古西征同時代的波斯史學家志費尼在其鴻篇巨製《世界征服者史》中多次提到蒙古人從中亞征服區人民中間簽發隨軍工匠和青壯年入伍的事：如攻陷撒馬爾罕城後，「三萬有手藝的人被挑選出來，成吉思汗把他們分給他的諸子和族人，又從青壯中挑選出同樣的人編為一支簽軍」[026]。攻下玉龍傑亦後，「把為數超過十萬的工匠藝人……驅掠而去」[027]。這些工匠，或隨蒙古軍服役，或被髮送後方。志費尼還說，蒙古人結束了花剌子模的戰鬥，「把居民中的工匠瓜分，送往東方諸國。現在，那些國土內，很多地方還有花剌子模人在耕墾和居住」[028]。元史學家洪鈞也承認中亞諸國人被簽從軍來到中國的事實，「其束歸朝廷，入兵籍」[029]。西征結束後元帝國皇帝忽必烈為了征服南宋，繼續從中亞、西亞的察合台、金帳、伊利等蒙古汗國簽發回回東來充軍，如至元七年（1271年）「蒙古主簽諸道回回軍」[030]。除了這些強行徵集的軍士和工匠之外，還有主動歸附蒙古的西域部族軍隊（1211年，突厥葛邏祿部酋長阿爾斯蘭汗、斡匝兒相繼擺脫西遼的控制，臣服了成吉思汗，參加西征後隨蒙古軍進入中原）、來東方經商的商人、仕元的官員、學者等，這些人在元代官方史書中稱作「回回」。

戰爭結束後，元朝令散處各地的「回回」軍士就地入社，屯聚牧養，「與編民等」，成為「回回戶」。如至元十年正月詔以「陝西京兆、延

025　《元史》卷九十八。
026　（伊朗）志費尼著，何高濟譯：《世界征服者史》上冊，江蘇教育出版社，2005 年，第 96 頁。
027　（伊朗）志費尼著，何高濟譯：《世界征服者史》上冊，江蘇教育出版社，2005 年，第 101 頁。
028　（伊朗）志費尼著，何高濟譯：《世界征服者史》上冊，江蘇教育出版社，2005 年，第 101 頁。
029　洪鈞：《元史譯文證補》卷二十二。
030　《甘寧青史略》正編卷十三。

第二章　歷史簡述

安、鳳翔三路諸色人戶，約六萬戶內，簽軍六千。」[031] 此外，《甘肅古代史》援引《元史》史料的統計，元世祖至元年間（1264-1294 年），甘肅等處行中書省所轄軍民屯田計有：

1. 管軍萬戶府屯田，在甘州共有軍戶 2,290 戶，屯地 1,166 頃 64 畝。
2. 寧夏等處新附軍萬戶府屯田，有軍戶 2340 戶，屯地 1,498 頃 633 畝。
3. 寧夏營田司屯田，有 2,700 丁，屯地 1,800 頃。
4. 寧夏路放糧官屯田，有 904 戶，屯地 446 頃 650 畝。
5. 亦集乃（今內蒙古額濟納旗）屯田，有屯田 91 頃 650 畝。

這些從事屯田的各族人中，「也有從內地，西域乃至中亞、波斯、阿拉伯徵調來的人」。[032] 後人在評述回回人在河西的屯田歷史時曾這樣寫道：「當時軍屯遍於西北各地區，但主要仍在河西走廊一帶。……而於元朝則以活動河西之回回屯田為其代表，足見當時河西回回屯墾之盛。」[033]

除西北外，在東北和西南也有大量回回屯田戶。《元史·成宗紀》載：「[元貞元年（1206 年）七月] 壬午，立肇州屯田萬戶府，以遼陽行省左臣阿散領其事。」肇州（治今黑龍江省哈爾濱）立屯田萬戶府，掌事人阿散（即合散）是回回人，曾在武宗和仁宗朝兩度出任丞相，其屬下屯田戶中肯定有不少回回人。在大西南的雲南行省，是元代回回人的重要聚居地區。至元十一年（1274 年），著名回回政治家賽典赤·瞻思丁出任行省平章，回回人大批進入雲南。雲南行省轄軍民屯田 12 處之多，屯田面積達 40 餘萬畝，屯田軍民中回回人占相當大的比重。這點從《民國昭通縣誌稿》卷十《人種志·漢人》所載史料可以說明：「元置宣慰司，調雲南

031　《元史》卷九八《兵志》一。
032　《甘肅古代史》第 465 頁。
033　《西北伊斯蘭教研究》第 89 頁。

及四川軍屯田，回兵而外，漢人約三千人。」同書卷十《人種志·回子》載：「[昭通]自元時置宣慰司，屯田，戍兵類多回族，半皆流落於此。」至於回回人在內地屯田的仍然很多，其中比較集中的地區在汴梁、南陽、襄陽等地。[034] 由於屯田牧守的需要，回回人逐漸形成許多小的聚居點或聚居區，星羅棋布，遍及全中國城鄉各地，從而歷史地形成了「元時回回徧（遍）天下」的局面，[035] 和大分散，小聚居的居住格局，這對以後中國回族的發展和區域分布產生了深遠的歷史影響。

除上述屯田的「回回」戶外，元代還有大量的從西域俘虜來的精巧手工藝人被分配到各地政府或宗王所辦的匠人局服役。僅河北弘州（今河北信陽）有「西域織金綺紋工三百餘戶」。[036] 始建於元太宗時的興和路蕁麻林（今河北萬全西）人匠提舉司，安置有「回回人匠三千戶」，全為中亞撒馬爾罕、不花剌人。[037] 元代設有制氈和毛織品的匠局、織染提舉司、金銀器盒局等等，百色工匠，無不具備。據王惲《秋澗文集》記載：元代「籍人匠四十二萬，立局院七十餘所，每歲定造幣、縞、弓、矢、甲、胄等物。」這些人使當時的蒙古國都和林、嶺北地區和中原的手工業出現了前所未有的繁榮。雖然上述匠人中也有大量的漢族和其他民族人員，但從中亞來的色目回回肯定不少。據不完全統計，蒙古帝國及元代時期來華的西域「回回」軍人和工匠總數應在 60 萬至 80 萬之間。這些「回回」成為現代回族的主要來源。

元代東來的回回穆斯林數量不僅遠遠超過唐宋時期，而且終元一世，蒙古統治者一直將以穆斯林為主的中亞西亞色目人視為其進行統治時可以

034　邱樹森著：《中國回族史》，寧夏人民出版社，1996 年，第 224 頁。
035　《明史·西域傳》。
036　《元史·鎮海傳》。
037　《元史·哈散納傳》。

信賴的主要助手，當時「居於統治地位、享有特殊利益的是蒙古人，色目人中的上層分子次之，他們是蒙古統治者的得力助手。」[038] 按元制，在中央和地方行省任左右丞相、平章政事、左右丞、參知政事者，均有宰相之位，其中前兩職是宰相，後兩職是副宰相。史載，蒙古帝國及元代時期回回先後任平章以上宰臣職務者達 22 人。[039] 這種優越的社會地位對吸納西域穆斯林大量來華和其他族群的成員融入回族，客觀上會產生積極的影響。這些回族與所在地漢、蒙古等族結成婚姻、成家立業、繁衍後代，形成了現代回族。

　　另外，元中葉安西王帳下屯戍西北各省的十餘萬蒙古軍皈依伊斯蘭教，對形成今西北回族注入了大量的新血液：至元九年（1272 年），忽必烈的皇三子忙哥剌受封為第一代安西王，轄區包括今陝西、甘肅、寧夏、青海、四川、西藏等省區。所轄蒙古軍、探馬赤軍遍布陝、甘、寧、青各地。至元十七年（1280 年），忙哥剌病死，四年後其長子阿難答承襲了安西王位，史載：「鐵穆耳合罕在原來的基礎上，把忽必烈合罕給予忙哥剌的那支軍隊，以及原屬於他的唐兀惕地區，賜給了阿難答。」[040] 阿難答幼時「被託付給了一個名為蔑黑帖兒‧哈散‧阿黑塔赤的突厥斯坦伊斯蘭教徒，讓這個人撫養他。……他背誦過《可蘭經》，並且用大食文書寫得很好……同時，他還使依附於他的十五萬蒙古軍隊的大部分皈依了伊斯蘭教。」[041] 除安西王部屬外，融入回族之中的還有察合台支系的西寧王後裔。察合台孫阿魯忽（察合台汗國第四代汗王）之子術伯和合班於十三世紀 70 年代因反對海都的鬥爭失敗後，率部逃入元朝領地，世祖忽必烈

038　《蒙古族通史》上卷，民族出版社，2000 年修訂版，第 355 頁。
039　邱樹森主編：《中國回族史》，寧夏人民出版社，1996 年，第 215 頁。
040　（波斯）拉施特：《史集》第二卷，商務印書館，1985 年。
041　（波斯）拉施特：《史集》第二卷，商務印書館，1985 年。

把他們安置在河西一帶守邊。至元朝後期術伯統兵西陲，在與海都、篤哇等反元集團的鬥爭中屢立戰功，被朝廷封為威武西寧王，後來改封豳王。西元 1331 年術伯之孫速來蠻襲封西寧王。在《莫高窟造像記》中，有速來蠻家族成員的名字，如世子養阿沙（牙罕沙）、諸子速丹沙、阿速台等。[042] 養阿沙這個名字中的「養阿」（YagHan）為突厥語「象」之意，「沙」（Shāh）則是波斯語「君王」之意。養阿沙的父親速來蠻、兄弟速丹沙的名字為阿拉伯語或波斯語，證明這個家族已接受伊斯蘭教。西寧王速來蠻曾修西寧城南著名的鳳凰山拱北。西寧王後裔降明後繼續充任沙州衛、西寧衛首領，這個家族及其部分屬下後來融於甘、青回族之中

　　元朝統治期間，有無其他蒙古人改宗伊斯蘭教，因無史料印證不得而知。元朝覆亡之後，留居中原的蒙古人和色目人社會地位一落千丈，為了避免歧視和壓迫，部分蒙古人改了漢姓，融入漢族，如太祖成吉思汗時的功臣木華黎之後改姓為李。也有部分蒙古人因過去與色目人社會地位相近，交往較深或有姻親等關係，自然地融入回族。這部分人中著名的有元末臣相脫脫之後以脫為姓，成為東北回族大姓。據遼寧《脫氏宗譜》載「脫脫為始祖，始祖之伯父伯顏公，父馬扎兒台公均為元朝丞相，相傳至今已二十餘世矣……」[043] 西北地區的回族大戶鐵姓，應是取之蒙古名「鐵木爾」之首音。西北地區的回族帖姓來源也與此有關。而且入明以後仍有部分蒙古人融入回族之現象。如 15 世紀駐牧於阿爾泰山一帶的衛拉特蒙古（瓦剌）綽羅斯部封建主馬哈木家族部分後裔融入回族。[044] 今西北回族中一大部分應該是來源於這些伊斯蘭化的蒙古人。《回族姓氏初探》說：「脫、妥、鐵、帖、達、朵、貼、燕、何、塔、忽、薩、合、和等姓氏，

042　劉迎勝著：《察合台汗國史研究》，上海古籍出版社，2006 年，第 477 頁。

043　魏德新：《中國回族姓氏溯源》，新疆大學出版社，1999 年，第 75 頁。

044　敏賢麟：《蒙古游牧文明與伊斯蘭文明的交匯》，宗教文化出版社，2010 年，第 306 ～ 308 頁。

第二章　歷史簡述

從姓氏考察幾乎都來源於蒙古人的姓氏。」[045]

有學者認為，元代的「回回」指的是「突厥後裔西遷後，又回來」的一群人。[046] 追根溯源，此說有一定的歷史根據，但不完全正確。因為構成元代「回回」的不全是突厥語族群，應該還包括早期來華的阿拉伯人、波斯人、甚至猶太人等。至於說構成「回回」族源的主體部分 —— 中亞、西亞突厥人，他們來到中國，實際上就是「重返故土」。因為突厥人在唐朝以前就生活在蒙古高原至阿爾泰山一帶。中外典籍和突厥文考古史料也證明了這一情況：6 至 8 世紀屬於東突厥汗國的《暾欲谷碑》（1887 年在今蒙古國烏蘭巴托附近的巴顏楚克圖地方發現）、《闕特勤碑》（1889 年在今蒙古國呼舒柴達木湖畔發現）和《毗加可汗碑》（1890 年在蒙古國喀喇巴喇哈遜附近柴達木河畔發現），屬於回鶻汗國的突厥文《磨延啜碑》（1909 年在今蒙古國希乃烏蘇發現），都說明突厥部落原來居住在蒙古高原和今新疆天山、阿爾泰山地區，突厥人更早的祖源據說是「平涼雜胡也」。[047] 後來東、西突厥汗國連遭內亂並受到唐朝打擊後滅亡。突厥人建立的漠北迴鶻汗國也因內亂削弱後遭黠戛斯打擊崩潰，這樣，大部分突厥人陸續西遷至中亞西亞。成吉思汗征服中亞回師時，部分臣服於他的突厥回回（屬色目人，早已成為伊斯蘭教徒）以軍人和工匠身分東返故鄉，至中國定居後與當地婦女婚配繁衍後代。由此可見回族並非「外來」民族，從族源上講，其主體在中國。可以說，回族是以伊斯蘭化的突厥人、蒙古人為主體，與先期來華的阿拉伯人、波斯人等國外民族和漢族等國內民族，在伊斯蘭教影響下相互融合，最後形成的一個新的民族共同體。

045　魏德新：《中國回族姓氏溯源》，新疆大學出版社，1999 年，第 74 頁。

046　穆德全：《元代回回人分布江浙考》，《河南大學學報》1984 年第 1 期。

047　《周書》卷五十《突厥傳》。

二、明代回族的構成

在元代回族群體的基礎上，明代又不斷吸收其他民族加入，使這個孕育中的民族共同體更加充實和壯大。明初，基於統治的需要，統治階級一方面對色目人、蒙古人等多有防範，一度不許本類自相嫁娶，「凡蒙古、色目人，聽與中國人為婚姻，不許本類自相嫁娶。違者杖八十，男女入宮為奴。」《明律》並且禁止「胡服、胡語、胡姓」。[048] 此後回族男性娶漢女後子孫姓母姓，或回族為了避禍更改姓名托庇於漢人者有之，今天回族中有大量的漢族姓氏應該根源於此。對回族採取強制同化的政策，在客觀上卻引導外教人與回族通婚（不論男娶女嫁），改宗伊斯蘭教，促進了回族穆斯林人口的大量增加。另一方面，明朝統治者也對回族實行懷柔親善政策。朱明王朝的開國功臣中，有許多是回族將領，著名的有常遇春、胡大海、馮勝、馮國用、藍玉、沐英等，其中與大將徐達齊名的常遇春，北伐勝利後馬革裹屍而還，死時年僅 39 歲。朱元璋在總結開國之功時說：「開拓之功，以十分言之，遇春居其七八。」他在評價馮勝、馮國用之功時說：「馮勝兄弟二人與我親同骨肉，十餘年間協助我除肘腋之患，建爪牙之功，平定中原，佐成統一大業。」[049] 這些英烈們的光輝業績，一定程度上也為回族人民贏得了較高的社會地位。明太祖御題《百字贊》，稱頌伊斯蘭教和先知穆罕默德。還任命回族人為翰林院編修，翻譯伊斯蘭教經籍，並在南京敕建清真寺。明成祖曾頒發敕諭保護伊斯蘭教，任命回族人士鄭和七下西洋，宣揚國威。宣宗、武宗均有敕建清真寺之例。在對外交往和貿易方面，明王朝對西域諸國和南洋、西洋採取「厚往薄來」的政

048　《明太祖實錄》卷 30。
049　白壽彝：《回族人物誌》（明代卷），第 2、42 頁。

策，「以示朝廷懷柔之意」。[050] 明王朝歷代帝王採取較為開明的對外政策，不僅促進了東西方貿易，而且吸引了大量中亞、西亞突厥諸部族「回回」和南洋穆斯林繼續來華。從洪武朝開始，就有「西域回回」不斷內遷，至正德年間，「西域回回」內遷逐漸達到高潮。至嘉靖以後，「西域回回」內遷雖漸趨平靜，但仍未停止。隨著入附內地回回不斷增多，他們或自流中原內地，成為居民；或寄居甘、青等西北邊地，長期不往，成為永久居民。整個明代，入居中國內地的西域突厥諸部族回回人數已相當可觀，僅見於記載的入附回回就有「十五六萬之多」，[051] 這自然進一步壯大了回族人的族群，促進了回族的形成。

多種渠道的融入豐富了回族形成族源多元化的實質內涵，同時也為回族適應儒家文化體系下的中國社會奠定了基礎。

唐宋時期，回回先民以「蕃客」、「胡商」的僑民身分在中國的土地上繁衍生息；元代，他們因戰功和才能受到蒙古統治階級很高的禮遇，其中的精英分子成為治理國家不可或缺的人才。時移事易，明王朝的建立，打破了原有的政治統治格局，回族人失去了在蒙古帝國及元代時期所占據的優越政治地位，這迫使他們必須重新審視自己所處的社會環境。在爭取生存和發展的實踐中，廣大回族群眾的民族意識進一步提高，民族內聚力進一步增強，他們努力地維繫著自身的民族傳統和文化傳承。這一時期，具有伊斯蘭文化特色的宗教活動、婚姻、喪葬、飲食等風俗習慣進一步規範，民族特色更加鮮明。同時，明代的回族已完全掌握漢語言文字，廣泛使用漢語作為交際工具，其民族主體已將漢語作為自己的母語。可以說，語言、服飾、習俗等某些方面的「華化」都是回族為求得生存和發展所作

050　《明太祖實錄》卷 154。

051　和龑：《明代西域入附回回人口及其分布》，《回回歷史與伊斯蘭文化》，今日中國出版社，1992 年。

出的必然選擇。[052] 由於民族意識的增強，加之遷徙、戰亂、災荒、商業等因素的影響，到明代回族「大分散，小聚居」的居住格局完全形成並趨向定型，回族共同體最終形成，中華民族大家庭又增一新的成員。

　　據 2021 年中國人口普查統計，全中國回族人口約 2,300 多萬人，每一個省都有回族。其中以寧夏、甘肅、河北、河南、青海、山東、雲南、新疆居住回族最多。分布特點仍然是大分散、小集中。現在，中國有一個回族自治區，即寧夏回族自治區，兩個回族自治州（甘肅臨夏、新疆昌吉），6 個回族自治縣（河北孟縣、大廠，青海門源、化隆，甘肅張家川，新疆焉耆），還有 5 個回族和其他民族聯合自治的縣（民和回族土族自治縣、大通回族土族自治縣、巍山彝族回族自治縣、尋甸彝族回族自治縣、鹹寧彝族回族苗族自治縣）。此外，還建立了 4 個縣級回族區（呼和浩特市回族區、鄭州市管城回族區、開封市順河回族區、洛陽市瀍河回族區）和 140 多個回族鄉、鎮。

052　傅統先：《中國回教史》，寧夏人民出版社，2000 年，第 76 頁。

 第二章　歷史簡述

第三章　回族的宗教信仰 —— 伊斯蘭教

 第三章　回族的宗教信仰—伊斯蘭教

第一節　伊斯蘭教的興起

一、伊斯蘭教的興起

伊斯蘭教產生以前，阿拉伯社會處於「矇昧時期」，屬於以血緣關係為基礎的氏族社會。阿拉伯人信奉原始宗教，主要形式有自然崇拜、動植物崇拜、鬼魂和祖先崇拜、偶像崇拜等。穆罕默德傳播伊斯蘭教，使阿拉伯社會由氏族部落發展到民族國家，並跨入世界文明的中心舞台。

約西元 571 年，穆罕默德誕生於麥加的古萊氏部族哈希姆氏族。他自幼失去父母，由其祖父阿布杜‧穆塔里布和伯父阿布‧塔里布相繼撫養。穆罕默德由於家貧從小放牧，未受過教育，12 歲時隨伯父的商隊到過巴勒斯坦和敘利亞等地，很早就體驗了民間的疾苦。後來受僱於麥加富孀赫蒂徹，替她經理商務，25 歲時與其僱主結婚，從此擺脫了替人幫傭以維持生計的貧苦生活。

穆罕默德 40 歲時，經常到麥加城北的希拉山洞祈禱沉思，約在 610 年的「萊麥丹」月（伊斯蘭曆第 9 月）27 日的夜晚，穆罕默德在希拉山洞突然接到真主令他傳播伊斯蘭教的「啟示」，後來伊斯蘭教稱該夜為「高貴之夜」或「授權之夜」。

穆罕默德傳教初期，最早皈依的是他的妻子赫蒂徹、堂弟阿里、釋奴宰德‧本‧哈里斯（他的義子）和密友艾布‧伯克爾。613 年穆罕默德開始公開布道，他號召人們放棄對偶像的崇拜，宣稱真主阿拉是宇宙萬物唯一的主宰。宣揚末日審判、死後復活，指出人的最終歸宿決定於他在現世的行為，信道及行善者進入永恆的天園，作惡者墮入永久的地獄，要人們止惡行善，停止氏族部落之間的爭鬥。他還主張限制高利貸，賑濟貧困者

等。穆罕默德早期的追隨者大多是社會地位低微的窮人和奴隸。麥加古萊氏貴族極力反對他的宗教主張，他們認為接受伊斯蘭教將會貶低阿拉伯人傳統的部落神，會破壞麥加這個舊的拜物教中心的地位。特別是《可蘭經》傳達的關於穆斯林都是平等的弟兄，要求信道者「當優待親戚」、「憐恤孤兒」、「救濟貧民」、「親愛近鄰、遠鄰和伴侶」（4:36）、「禁止重利」（2:275）等道德觀念和針對麥加貴族們「不優待孤兒」、「侵吞遺產」、「酷愛錢財」（89:17-20）和「稱量不公」（83:1）、「聚積財產」（104:2）、「競賽富庶」（102:1）的貪婪行為所進行的批判鋒芒，與貴族們的致富手段和生活方式尖銳對立。為此，他們詆毀穆罕默德，斥責伊斯蘭教為邪說，對穆罕默德及其追隨者進行了種種迫害。

　　西元 622 年 9 月 24 日，穆罕默德被迫率領信仰伊斯蘭教的少數穆斯林離開家鄉麥加，進入麥地那。麥地那人盟誓願意接受穆罕默德為領袖，皈依伊斯蘭教，順從和保護他。這就是著名的『希吉勒』（阿拉伯語意為「遷徙」）。這一事件是伊斯蘭教發展史上的一個重要的轉折點，代表著伊斯蘭教的傳播中心從麥加轉入麥地那，伊斯蘭教的傳教事業進入迅速發展時期。17 年後，哈里發歐麥爾以「遷徙」這一年（太陽年）的歲首（7 月 16 日）作為伊斯蘭教新紀元的起點。穆罕默德在麥地那陸續建立了伊斯蘭教的各種典章制度，並突破氏族血緣關係，把政治、經濟、軍事、世俗生活和宗教信仰結合在一起，建立起政教合一的穆斯林公社（阿拉伯語「烏瑪」，原意指倫理和宗教的共同體，後來引申為由宗教紐帶結合在一起的人群共同體）。號召所有穆斯林不分家族、部落和種族，共同團結在伊斯蘭教的旗幟下，共同生活，集體勞動，互相幫助，並肩禦敵。烏瑪制度的建立，為在麥地那建立統一的穆斯林民族國家奠定了思想和組織基礎，它成為後來哈里發國家的雛形。西元 627 年，穆罕默德將禮拜的朝向

43

由耶路撒冷改為麥加的克爾白神殿，確立麥加為伊斯蘭教中心，規定萊麥丹月為齋月，使伊斯蘭教具有鮮明的阿拉伯色彩。

　　為保衛新生的穆斯林公社，穆罕默德組織軍隊，同麥加貴族進行了多次交戰，這期間，古萊氏族中許多人被穆罕默德感化信奉了伊斯蘭教，削弱了敵人的力量。同時，穆罕默德還派出使者分別訪問了阿曼、巴林、羅馬、波斯等國，擴大伊斯蘭教的影響。西元 630 年 1 月底（伊斯蘭曆紀元8 年），麥加被征服，克爾白神殿的拜物教偶像被清除。631 年，阿拉伯半島基本上實現了統一。632 年 6 月 8 日穆罕默德逝世，伊斯蘭教進入四大哈里發（即艾布‧伯克爾、歐麥爾、奧斯曼、阿里）統治時期。四大哈里發相繼進行了 30 年的擴張戰爭，建立起強大的阿拉伯大帝國。阿拉伯大帝國延續了 600 年的漫長時間，它以其得天獨厚的地理位置、富有智慧的人民和高度發達的經濟文化，對東方和世界歷史的發展產生過重大而深遠的影響。伊斯蘭教也逐漸成為一個世界性的宗教。

二、伊斯蘭教的經典

《可蘭經》

　　《可蘭經》是伊斯蘭教最根本的經典，是穆斯林世界觀和人生觀的基礎，是伊斯蘭國家的立法依據。它在穆斯林的世俗生活和宗教生活中具有神聖的地位。

　　《可蘭經》又被譯為《古蘭經》。「古蘭」是阿拉伯文 Guran 或 Kuran的音譯，意為「誦讀」、「讀物」或「讀本」。「經」字是人們按照習慣加上去的。全部《可蘭經》劃分的篇幅大約為均勻的 30 卷。共分 114 章，6,200 餘節。各章長短不同，每章都有一個簡明的章目，有的章目與題材有關，有的只是經文中提到的某個詞。

　　《可蘭經》各章被分為「麥加篇章」和「麥地那篇章」兩大類別，分類依據是西元 622 年穆罕默德從麥加遷往麥地那為界限。在這一年以前宣諭的稱為「麥加章」，在此以後傳示的叫做「麥地那章」。前者多為短章，計 86 章，以教義為主題。後者篇幅較長，計 28 章，以立法和社會規範為主題。

　　《可蘭經》的內容相當廣泛，主要有以下五個方面：

◇ 闡述了伊斯蘭教的基本信仰和基本功課。

◇ 闡述了阿拉伯社會的倫理道德規範。

◇ 為政教合一的早年穆斯林社團（烏瑪）確立了宗教、政治、經濟、社會、軍事和法律制度。其中較多涉及婦女、婚姻家庭和財產繼承問題。

◇ 記載了在伊斯蘭教傳播過程中與多神教徒和猶太教徒進行論辯的相關內容。

◇ 根據傳教的需要，引用了大量流行於阿拉伯半島的民間故事、歷史傳說以及猶太教和基督教中的聖經故事、傳聞軼事等。

《聖訓》

　　《聖訓》是穆斯林對穆罕默德言行錄的尊稱。在伊斯蘭教內，它被認為是僅次於《可蘭經》的又一部重要經典。

　　「聖訓」，阿拉伯文稱為「哈底斯」（al-Hadith）或「遜奈」（Sunnah）。「哈底斯」的原意是言語、故事、消息，即透過口述或示範行為向人們傳述的言語，在伊斯蘭教中專指穆罕默德的言論錄。「遜奈」的意思是道路、方向、行動，引申為習慣、傳統、方式、方法，在伊斯蘭教內專指穆罕默德的行為和習慣。哈底斯和遜奈實際上都包含著同樣的內容，

都專指穆罕默德的言語、行為和習慣，只不過哈底斯是遜奈的傳述記錄，範圍比遜奈更廣。「聖訓」的傳述主要是靠穆罕默德的口授和「聖門弟子」的記憶。聖訓的內容，按照聖訓學家的分類，主要有三類：

◇ 言語的聖訓，即穆罕默德發表的宗教論述；

◇ 行為的聖訓，即穆罕默德的行為和習慣；

◇ 默認的聖訓，即穆罕默德對某些情況和某種行為或習慣的默許。

　　聖訓的內容一部分是《可蘭經》的補充，是《可蘭經》經文的具體化，是宣傳教義、讚頌真主阿拉的。聖訓的另一部分內容論述穆斯林應當遵守的各種道德規範和社會習俗。另外，聖訓也記述了麥地那時期的社會生活和經濟關係。聖訓在伊斯蘭教中占有重要地位，它是穆斯林知識的重要源泉之一。如果說《可蘭經》是「天啟」的知識，那麼聖訓則是「傳述」的知識。它是穆斯林公認的生活和行為規範。而且也是立法、行教的重要依據，伊斯蘭教法學家公認，凡《可蘭經》未涵蓋或講得不詳盡的問題，都以聖訓為依據。

第二節　伊斯蘭教的基本信仰制度

一、基本信仰

　　穆斯林稱「信仰」為「伊瑪尼」（阿拉伯語 īmān 的音譯），凡信仰伊斯蘭教的人被稱為有「伊瑪尼」的人。

　　伊斯蘭（Islam）是阿拉伯語的譯音，原意是「和平」，也含有「順從」之意。後來，「伊斯蘭」一詞演化為先知穆罕默德創立的宗教之專用術語，在《可蘭經》第 49 章 17 節中被正式命名。從此，伊斯蘭一詞定義

第二節　伊斯蘭教的基本信仰制度

為順從真主阿拉，伊斯蘭教也就是順從真主阿拉意志的宗教。

　　穆斯林（Muslim）是阿拉伯語的音譯，原意為「順從者」、「和平的」。後來專指順從真主旨意、信仰伊斯蘭教的人。此外，對伊斯蘭教信仰者有時也被稱為「穆民」，阿拉伯語（Mùmin）的音譯，原意是「有信仰者」或「信仰者」。「穆斯林」和「穆民」源於不同的阿拉伯語詞根，這兩個詞意義基本相同。它們的區別僅在於「穆斯林」專指信仰伊斯蘭教的人，「穆民」泛指古代信仰獨一真主的人，如猶太教徒等。

　　伊斯蘭教奉行嚴格的一神論，基本教律由宗教信仰（阿拉伯語稱「伊瑪尼」）、宗教功修（阿拉伯語稱「伊巴達特」）、善行（阿拉伯語稱「伊哈桑」）等三部分組成。宗教信仰是伊斯蘭教的思想基礎。根據《可蘭經》第 2 章 177 節和第 4 章 136 節規定，宗教信仰包括信真主、信使者、信天經、信天使、信末日審判，根據《聖訓》精神，還要加上信前定。其中信真主是全部信仰的核心，其他信仰、功修和善行，從屬於信仰真主。因此，回族穆斯林通常將信真主稱為「總信」，即「信仰綱領」。將信使者、信天使、信天經、信末日、信前定稱為「分信」，依次構成六大基本信仰：

◇ **信真主**：真主是阿拉伯語阿拉（Allah）一詞的意譯。信真主即相信真主是宇宙萬物的創造者、恩養者和唯一的主宰；真主是全能的、大仁大慈、無形無象、無所在無所不在，不生育也不被生育，無始無終，永生自存，獨一無二，實有超然。「認主獨一」是伊斯蘭教本體論、創造論和認識論的基礎，是穆斯林宗教信仰的首要原則。

◇ **信使者**：信使者就是確信穆罕默德是真主的使者和人類的先知。按照穆斯林的傳統說法，自人類誕生以來，真主在不同的歷史時期，為每一個民族都派遣過使者，總數號稱「十二萬四千有餘」。使者的使命

就是指引人們「去邪崇正」，皈依真主的道路。《可蘭經》中列舉的先知最重要的有阿丹、努海、伊卜拉欣、穆薩、爾薩和穆罕默德，其中阿丹是人祖之使者，穆罕默德是「眾先知的封印」（33：40）。

◇ **信《可蘭經》**：《可蘭經》並不否認與猶太教、基督教經典的關係，經文說：「這部《可蘭經》不是可以捨真主而偽造的，卻是真主降示來證實以前的天經，並詳述真主所制定的律例的」（10：37）。穆斯林認為，真主阿拉曾先後下降過包括《可蘭經》在內的 104 部經典，但《可蘭經》中只提到另外三部：《討拉提》、《則逋爾》、《引支勒》，即《摩西五經》、《大衛詩篇》、《福音書》。對於穆斯林來說，《可蘭經》既是真主阿拉昭示世人的最後一部經典，同時也是先知穆罕默德接受「使者」使命的憑據，是伊斯蘭教的最高法典。伊斯蘭教強調，《可蘭經》是「天啟」的，不是人為創造的；《可蘭經》體現了真主的意志，是「萬古不易」的根本經典，是穆斯林的行為準則和道德規範，是社會立法的依據。

◇ **信天使**：穆斯林認為天使（阿拉伯語「麥倆伊克」）是真主阿拉用光創造的妙體，以光為本，體質清輕，純陽無陰，性秉於善，沒有男女性別、老幼之分，沒有繁殖生育，沒有飲食需要，沒有睡眠，沒有疾病，沒有任何嗜欲和自由意志，勤而無惰，順無天違，聖潔無邪，布於天地之間，一切唯真主阿拉之命是從，掌管萬事萬物。所以《可蘭經》稱讚天使是「阿拉的忠使，人類的朋友」。相信「天使」的存在，是伊斯蘭教的「六大信仰」之一。作為穆斯林必須深信不疑，而且必須明白阿拉造化天使，「代理天地，司守萬物」，並非己力所不及、以天使為助手，而是充分顯示阿拉「至尊」與「至全」的不可替越地位。回族穆斯林熟知的有「四大天使」：傳遞天啟的哲布拉伊

萊、觀察宇宙的米卡伊萊、末日審判時吹號角的伊斯拉菲萊、專司死亡的阿茲拉伊萊。據說人的兩肩各有一大使，左記惡，右記善。

◇ **信末日與審判**：《可蘭經》和《聖訓》反覆強調，終有一天宇宙將毀滅，一切生物——凡有靈覺的天使、人類、鬼神、禽獸等都在劫難逃，無一倖免。諸天世界毀滅之後，憑真主意志，一切生命將被覆活，集中於真主阿拉預備下的審判場，復活的生物將根據生前的行為記錄、接受末日審判，或者進入天園，或者罰入地獄。天園和地獄是伊斯蘭教後世說的重要組成部分。

◇ **信前定**：末日審判，賞善與罰惡，行善者升入天園，享受無限歡樂；作惡者罰降火獄，備遭無窮痛苦。這種善惡觀，成為古今一切宗教的主要說教。行善與作惡，伊斯蘭教認為超越不出「前定」的範疇，前定也就是命運，人們除了服從，參悟反省，修正錯誤，積德向善之外，別無他途。所以信前定也是穆斯林「六大信仰」之一。

二、宗教義務

伊斯蘭教除了強調思想上的信仰外，還規定了一系列宗教義務和禮儀。穆斯林的宗教義務被概括為五項宗教功課：信仰表白、禮拜、齋戒、法定的施捨和朝覲。中國穆斯林把這些義務稱之為「五功」，即念、禮、齋、課、朝。也有把「五功」稱為「五常」的。

◇ **念功**：這是對伊斯蘭教基本信仰的表白（阿拉伯語稱「舍哈達」，意為「作證」），內容就是莊重而嚴肅地唸作證詞（即清真言）：「我作證：除阿拉外，別無神靈；我作證：穆罕默德是阿拉的使者。」任何人只要接受這個信條，公開表白，當眾念一次清真言，就被稱為皈依了伊斯蘭教。清真言是穆斯林在重要的宗教活動中必須唸誦的經文，

第三章　回族的宗教信仰—伊斯蘭教

宣禮員在宣禮塔上每次高聲宣禮時都要唸誦清真言。禮拜者每日五次的禮拜中，要重複唸誦多次清真言。穆斯林的初生嬰兒首先聽到的是清真言，人在臨終前，也要唸誦清真言，不能親自唸誦的，可由其親人或別人代念。念功包括心念和口念。心念（即意念）是無時無地、無形無聲之念，聚精會神思念真主阿拉；口念（即贊念）是有形有聲之念，感贊真主洪恩而兼之於至聖及萬聖萬賢。

◇ **禮功**：禮功即禮拜（阿拉伯文稱「撒拉特」）。伊斯蘭教產生後，禮拜成為伊斯蘭教一項最基本、最重要的功課。禮拜時必須朝向麥加天房，以阿拉伯語誦讀禱文和《可蘭經》經文，身體按照特定的姿勢完成一系列的規範動作。伊斯蘭教對於禮拜的禁戒十分嚴格，身體不清潔不拜，朝向不端正不拜。因此，禮拜前要沐浴、淨衣和潔處，沐浴分小淨和大淨兩種。禮拜的規定是每日五次，破曉一次稱晨禮；下午日偏一次稱晌禮；下午一次稱晡禮；日落後一次稱昏禮；夜晚一次稱宵禮。每七日聚禮一次，即每星期五（主麻日）正午過後在當地清真寺舉行集體禮拜，聚禮時還包括一次簡短的布道演說，即由阿訇念「呼圖拜」（演講詞）。另外每年還舉行兩次會禮，即開齋節和宰牲節，其隆重程度勝過主麻日的聚禮。此外，所有穆斯林都有為亡人舉行殯禮的義務，這是一種為亡人向真主祈禱的集體禮拜。

◇ **齋功**：這是表現在行為方面的重要功課之一（阿拉伯語稱為「索姆」）。中國人通常稱為「封齋」或「把齋」，即在萊麥丹月（伊斯蘭曆9月）達到條件的所有穆斯林都必須封齋：自黎明前至日落後，禁絕所有的食物、飲料和性生活。除嬰幼兒和無法康復的病人外，一般病人、孕婦和哺乳期的婦女、旅行者等都要補齋或施捨。

◇ **課功**：課功即交納天課，是伊斯蘭教以真主名義向教民徵收的一種宗

教課稅（阿拉伯語稱「扎卡特」，意為「潔淨」，即透過交納天課淨化自己的財產）。按照伊斯蘭教規定，凡穆斯林每年除正常開支外，其盈餘的財產（包括動產和不動產），如金銀、牲畜、五穀、商品等都按不同的課率每年交納一次天課。《可蘭經》規定，徵收來的天課「只歸於貧窮者、赤貧者、管理賑務者、心被團結者、無力贖身者、不能還債者、為主道工作者、途中窮困者」（9：60）。在中國無專門徵收天課的機構和機制，一般是每年向清真寺交納學糧、「費圖爾」錢和「所得格」。學糧供阿訇、滿拉生活之用，多在夏秋兩季收穫後交納；「費圖爾」阿拉伯語意為開齋捐，即在開齋節日，按家庭人口計算交納一定數額現金；「所得格」也稱「乜貼」，阿拉伯語布施之意。這是對窮人的施捨，平時任何時候都可以，數量不限，隨心意決定。

◇ **朝功**：這是伊斯蘭教表現在行為方面的宗教功課，完成此功課者阿拉伯語稱之為「哈吉」。伊斯蘭教規定，凡身心健康的穆斯林，在經濟條件允許，旅途方便的條件下，不分男女，一生中至少要到沙特阿拉伯聖城麥加朝覲一次，以示對真主的虔誠之心。如果路途遙遠或貧困無力，也可免朝，在家孝敬父母、行善好施、敬主禮拜。朝覲分為正朝和副朝。正朝是指在規定的朝覲期（集中在伊斯蘭曆 12 月 8 日至 12 日）舉行的，穆斯林稱之為「天命朝」，也稱「大朝」；副朝則指一年四季的其他時日參加的朝覲，也稱「小朝」，個人隨時都可以舉行。

朝覲過程非常艱辛，但穆斯林把它當作獲取真主阿拉喜悅和報償的良機，所以每年來自世界各地的不同人種的朝覲者達數百萬。廣大穆斯林的朝覲活動，不僅圓滿地完成了宗教功課，而且還加深了與世界各國穆斯林的相互交流和友誼。

此外，《可蘭經》要求人們在日常生活中敬拜真主、孝順父母、關愛家人、幫助他人、扶貧濟困、勤勞節儉、為人正直誠實、止惡行善，確保人類社會良性互動，和諧發展。「你們當崇拜真主，不要以任何物配他，當孝敬父母，當優待親戚，當憐恤孤兒，當救濟貧民，當親愛近鄰、遠鄰和伴侶，當款待旅客，當款待奴僕。真主的確不喜愛傲慢、矜誇的人。」（4：36）《可蘭經》還規定了一系列道德規範和社會關係準則。

三、宗教節日

伊斯蘭教的節日是宗教儀式的組成部分。伊斯蘭教的宗教節日主要有開齋節、古爾邦節、聖紀等。

開齋節

開齋節是阿拉伯語「爾德費圖爾」的意譯。伊斯蘭曆9月（萊麥丹月）是伊斯蘭教的齋月，穆斯林認為，《可蘭經》是真主在這個月裡頒降的，這個月也是一年中最貴重的吉慶之月、和平之月，凡是在這個月做一件善功，可以獲得成倍的報償。所以凡符合條件的穆斯林必須在伊斯蘭曆9月內奉行一個月的齋戒，齋月最後一天，尋看新月，見月的次日即行開齋，是為開齋節。如未見新月，繼續齋戒，順延不超過三天。

開齋節的主要禮儀有：

◇ 穆斯林於是日晨禮後進少許飲食，以示戒滿開齋向真主謝恩。

◇ 出散開齋捐（阿拉伯語「費圖爾」）。穆斯林按家庭人口計，每人出散小麥2斤半，可折成現金濟貧，或交清真寺做宗教基金。

◇ 舉行會禮。是日上午，穆斯林淋浴後盛裝，心口默誦贊主詞，聚集在當地最大的清真寺內舉行規模盛大的會禮儀式。參加會禮者過多時可

移至廣場或郊野舉行。

中國的回族群眾稱開齋節為「爾德節」。會禮完後，回族群眾向阿訇道安，說「色倆目」，（阿拉伯語音譯，原意是「和平」、「安寧」，穆斯林用作問安語是「求真主賜你平安」的意思），接著大家彼此互道「色倆目」，祝賀在萊麥丹月中「齋功全美」。然後各自到回民墓地唸誦《可蘭經》，為自己亡故的親屬和全體穆斯林亡人進行祈禱，這也被稱為「游墳」。游墳歸來，男女老幼路途相遇者都要互致「色倆目」問候，鄰里之間也要互相問候，通常都要借此機會消除平日的不快和積怨，增強團結。這時，各家各戶專為開齋節製做的各種豐盛的菜餚都已置辦齊整，炕桌上擺著五顏六色、各種造型的油炸食品及多種干鮮果品，令人目不暇接。誦經完備、感謝主恩後全家人即可享用。節日期間，身著盛裝的回族群眾手提饋送親友的各種食品、禮物走親訪友。漢族和其他民族的群眾也來到回族朋友家中，表示節日的祝賀。

古爾邦節

古爾邦節是阿拉伯語「爾德・古爾巴尼」的音譯，意為「獻牲」，故又稱「獻牲節」，回族俗稱「忠孝節」，這一節日在開齋節後的第 70 天，伊斯蘭曆的 12 月 10 日舉行。伊斯蘭教規定，教歷 12 月上旬，是去麥加朝覲的日期，朝覲的最後一天即 12 月 10 日，宰牛羊慶祝，所有人共餐，稱為獻牲。據說先知易卜拉欣年老無子，但對真主阿拉無比忠誠，曾鄭重表示，倘若我有兒子，阿拉降示以其作為犧牲，我也絕不吝惜。後他果然得子，取名伊斯瑪儀。伊斯瑪儀長大後，真主為考驗伊卜拉欣的忠誠，在夢境中幾次啟示他履行承諾。於是他毅然帶其子到麥加城外的米那山谷，準備獻祭。途中，魔鬼多次教唆伊斯瑪儀逃脫，但他拒絕誘惑，並用石塊

第三章　回族的宗教信仰—伊斯蘭教

驅走惡魔，最後順從地躺在地上配合著父親的感恩之舉，正當命懸一線之際，真主阿拉遣天使送來一隻綿羊，代替伊斯瑪儀作為犧牲。古代阿拉伯人為紀念先知易卜拉欣父子忠誠於真主的高尚品格，群起效仿，每年宰牲獻祭。伊斯蘭教曆 2 年，先知穆罕默德定此日為古爾邦節，並列為朝覲禮儀。回族群眾稱古爾邦節為「忠孝節」，其意也是緬懷和繼承先知易卜拉欣父子「父盡忠，子盡孝」的崇高品德。

古爾邦節的主要儀式有：

◇ **會禮**：穆斯林匯聚於清真寺或郊野，舉行盛大的會禮儀式和慶祝活動。

◇ **宰牲**：朝覲者於 12 月 10 日晨射石後，在麥加附近的米那山谷宰牲。世界各地的穆斯林在節日前備牲，所宰之牲必須健壯，牲有駱駝、牛、羊 3 種，大戶用駱駝、中戶用牛、小戶用羊、無力宰牲者免，羊為一人一隻，牛為七人一頭，駝同於牛。宰牲肉分為三份：一份留於自己用，一份饋贈親友，一份施散窮人。

伊斯蘭教認為，人們接近真主，其間有三重障礙，即財物、恩愛、私慾。如不克服這三重障礙，必將誤入歧途，不可能達到「清真」的境界。宰牲的意義在於透過割愛、施財、捨己，從而達到忘我歸真的境界。

聖紀

聖紀是伊斯蘭教始傳者穆罕默德的誕辰紀念日。據傳，穆罕默德誕生在阿拉伯太陰曆象年（約西元 570 年）3 月 21 日。穆罕默德逝世 300 年後，埃及什葉派的法蒂瑪王朝首先舉行聖誕紀念，從此逐漸擴展到其他穆斯林國家。穆罕默德逝世於伊斯蘭曆 11 年（632 年）3 月 12 日，所以又稱該日為「聖紀」。國外穆斯林舉辦「聖紀」一般是紀念穆罕默德的誕辰。中國

穆斯林習慣把「聖誕」和「聖紀」紀念活動合併起來，但時間安排比較自由，以利於不同行業者的工作方便。屆時本地（坊）穆斯林男女老幼均要參加，而且邀請外地（坊）穆斯林代表光臨。期間，在清真寺誦經贊聖，阿訇講解先知穆罕默德光輝業績和至人品格，激勵廣大信教群眾深切懷念先知穆罕默德，常記聖訓教誨，做一個愛國愛教的穆斯林。然後在清真寺宰牛宰羊，設宴款待參加紀念活動的信教群眾。

法蒂瑪節

法蒂瑪節是為了紀念先知穆罕默德之女、伊斯蘭教第四代哈里發阿里之妻法蒂瑪的忌日。什葉派穆斯林非常重視這個日子。法蒂瑪端莊聰慧，在伊斯蘭教創立初期曾作出過重要貢獻，穆罕默德逝世時，她和阿里主持過其父的殯葬活動，被什葉派穆斯林尊稱為「聖母」，受到伊斯蘭世界普遍尊崇，不少國家的穆斯林婦女於其忌日（伊斯蘭曆 6 月 15 日）舉行紀念活動。中國穆斯林稱其忌日為「法蒂瑪太太節」。屆時，穆斯林婦女請阿訇誦經贊主、贊聖，或到清真寺聆聽阿訇講述法蒂瑪的品德功績，出「乜貼」（施捨或捐贈財物）以示紀念。

阿舒拉日

阿舒拉日是伊斯蘭教的紀念日。「阿舒拉」是阿拉伯語的音譯，意為「第十」，即指伊斯蘭曆的 1 月 10 日。據說真主阿拉在這一天用泥土創造了人類，同時創造了天園和地獄。人祖阿丹、好娃失去樂園後謫降人間，地各一方，度過了暗無天日的 300 年，終於在這一天重聚。先知努海在這一天建造了方舟，慈航普度，拯救了一部分人類和生物。先知爾薩（耶穌）在這一天降生。此外，先知易卜拉欣、尤努斯得救的時間也是這一天。西元 622 年，穆罕默德從麥加遷往麥地那後，曾定此日為齋戒日（後

改為伊斯蘭教曆 9 月）。回族穆斯林在阿舒拉日誦經、贊聖之外，聚餐喝粥，稱為「阿舒拉飯」，據說是為了紀念先知努海用雜豆粥拯救人類這件事。

登霄節

登霄節是伊斯蘭教先知穆罕默德「夜行升霄」紀念日。穆斯林根據《可蘭經》第 17 章的第一節經文，認為穆罕默德 52 歲時（西元 621 年 7 月 27 日）由天使哲布拉伊萊陪同，乘名為布拉克的天馬從麥加到耶路撒冷，並從那裡登霄，遨遊七重天，見到過天使、天堂、地獄和古代的諸先知等黎明又重返麥加此後穆斯林將耶路撒冷視為三大「聖城」之一（其他二城是麥加、麥地那）。是日，穆斯林聚集到本坊清真寺舉行禮拜、祈禱，阿訇還要宣講登霄的情景及意義，以示紀念。

蓋德爾夜

蓋德爾夜是伊斯蘭教對《可蘭經》始降之夜的敬稱，指伊斯蘭曆 9 月 27 日之夜。「蓋德爾」是阿拉伯語音譯，意為「前定」、「高貴」。根據《可蘭經》第 97 章經文，該夜真主阿拉開始向穆罕默德頒降經文，眾天使和精靈都奉命降臨人間，所以該夜尤勝於平時一千個月。穆罕默德也說過：「誰使該夜充滿生氣，誰有資格進入樂園」，故全世界穆斯林每逢此珍貴之夜均依各自民族習俗舉行紀念活動。中國穆斯林或彙集在清真寺內，或在各自家中舉行禮拜、誦經、贊主贊聖、施捨、為亡人祈禱等各種活動。是夜，一些穆斯林聚集的地方還張燈結綵，以示慶祝。這種為求得真主阿拉的回賜而徹夜不眠的紀念活動，亦稱「守夜」或「坐夜」。

拜拉特夜

　　拜拉特夜是穆斯林對真主阿拉「赦免之夜」的稱謂，指伊斯蘭曆 8 月 15 日的夜晚。相傳此夜真主阿拉決定人們一生的生死禍福，因此穆斯林於該夜唸經、禮拜，白天封齋，以示紀念。中國部分穆斯林還將「拜拉特夜」擴大為「拜拉特月」，即進入伊斯蘭曆 8 月以後便開始了宗教紀念活動。阿訇走家串戶，先以阿拉伯語帶領全家念「討白」（阿拉伯語音譯，即懺悔），表示對一年中過失的懺悔，然後高誦用波斯語編成的「勸善詞」，其內容為關於穆斯林的誠信和禮拜的重要性及其「回賜」等。這種活動一直持續到「拜拉特月」完為止，俗稱「轉拜拉特」。

第三章　回族的宗教信仰—伊斯蘭教

第四章　中國的伊斯蘭教及其派別

第四章　中國的伊斯蘭教及其派別

第一節　早期伊斯蘭教在中國的傳播

一、早期伊斯蘭教在中國傳播的情況

西元 7 世紀初伊斯蘭教興起時，正值唐帝國大開國門，實行對外開放政策，歡迎與正在崛起的阿拉伯帝國開展友好交往關係。為鼓勵穆斯林傳播友誼、尋求知識，先知穆罕默德發出了一條著名的「聖訓」：「學問雖遠在中國，亦當求之。」充分表達了這位伊斯蘭教始傳人對中華古老文明的嚮往和對中國人民的友好感情。在這條「聖訓」精神的指引下，穆斯林商人、貢使和部分知識分子不斷來到中國的京都長安和廣州、揚州、泉州等東南沿海商埠城市，當時的中國人稱他們為「蕃客」，他們的聚集地稱為「蕃坊」。伊斯蘭教隨著這種交往也東傳中國。

阿拉伯商人蘇萊曼於唐玄宗大中五年（851 年）來廣州經商，歸國後著有《游記》，書中稱：「中國商埠為阿拉伯人麇集者，日廣府（即廣州），該處有回教教師一人，教堂一所……各地回教商賈既多聚廣府，中國皇帝因任命回教判官一人，依回教風格，治理回民。判官每星期必有數日專與回民共同祈禱，朗讀先聖戒訓。終講時，輒與祈禱者共為回教蘇丹祝福。判官為人正直，聽訟公平。一切皆能依《可蘭經》、聖訓及回教習慣行事。故伊拉克商人來此方者，皆頌聲載道也。」[053] 相傳唐政府在長安為來華穆斯林建有禮拜寺。宋代繼續推行對外開放政策，阿拉伯、波斯穆斯林來華經商傳教者如錢塘潮湧，新建或重建的清真寺數量較多。留存至今的有廣州懷聖寺、泉州的聖友寺、揚州的仙鶴寺、北京牛街寺等。

伊斯蘭教傳入東南沿海不久，約在 10 世紀前後已傳入中國新疆南疆

053　《蘇萊曼游記》，張星烺編：《中西交通史料彙編》第二集，中華書局，1977 年，第 201 頁。

地區，進而傳至阿克蘇、庫車一帶。立都喀什噶爾的突厥喀喇汗王朝在薩圖克·博格拉汗（約 927～955/956 年在位）統治時期接受伊斯蘭教，其子穆薩汗繼位後宣布伊斯蘭教為國教，有約 20 萬帳突厥游牧民族皈依伊斯蘭教。[054] 這對於後來維吾爾族的形成和伊斯蘭教在全疆的傳播奠定了基礎。

　　元時，橫跨亞歐的蒙古大帝國建成，東西交通大開，阿拉伯、波斯商人紛至沓來，以突厥語族穆斯林為主的「西域親軍」和「探馬赤軍」來華定居，最後形成回回民族，伊斯蘭文化與中華傳統文化開始了更深層次的對話和交融，推進了伊斯蘭教在中華大地的普遍傳播，故中山府《重建禮拜寺記》中說：「今近而京城，遠而諸路，其寺萬餘，俱西向以行拜天之禮。」[055] 元代來華的摩洛哥旅行家伊本·白圖泰在其游記中說：「中國各城市都有專供穆斯林居住的地區，區內有供舉行聚禮等用的清真大寺。」而且在「中國每一城市都設有謝赫·伊斯蘭，總管穆斯林的事務」[056]。

二、伊斯蘭文明與中華文明的交匯

　　伊斯蘭教自傳入中國以來，就與中華傳統文化開始碰撞、交流。一方面，它在內地改造和吸收了以儒家文化為代表的中華傳統文化中某些思想成果，形成了獨具特色的回族伊斯蘭文化；另一方面，它在新疆地區又吸收、融合了突厥游牧文化，形成了具有一定游牧文化色彩的伊斯蘭文化。伊斯蘭文化無論是對中華傳統文化還是突厥游牧文化的吸收和改造，都是在堅持伊斯蘭教正統信仰的前提下進行的。中國內地的回族伊斯蘭文化是伊斯蘭文化和中華傳統文化相結合的產物。因此，它具有文化上的雙重特

054　苗普生、田衛疆著：《新疆史綱》，新疆人民出版社，2004 年，第 222 頁。
055　碑文見《文物》1961 年第 8 期。
056　馬金鵬譯：《伊本·白圖泰游記》，寧夏人民出版社，1985 年，第 546、552 頁。

第四章 中國的伊斯蘭教及其派別

質,既含有世界伊斯蘭文化的共同因子,也具有中華傳統文化的豐富元素。

從文化表現形式上看,由於受歷史和文化環境的影響,回族穆斯林通常用漢語和中華傳統文化特有的術語和語言邏輯,作為理解、闡釋、宣傳伊斯蘭文化的工具;新疆地區穆斯林民族通常用突厥語和波斯語作為闡釋、宣傳伊斯蘭文化的工具。

從宗教信仰體系或宗教文化內涵上看,無論在內地,還是在新疆地區,廣大穆斯林的基本信仰相同,都履行著念、禮、齋、課、朝「五樁天命」功課。但回族穆斯林受中華傳統文化影響較深,透過挖掘中華傳統文化中一些切近、適用的理論資料,作為自己理解、闡釋伊斯蘭文化的思想基礎,如明清時期回族伊斯蘭學者在論述伊斯蘭教本體論、創造論、人性論、認識論等方面,借鑑了中國傳統哲學中的無極、太極、陰陽、五行、身心、性命、格物致知的學說,將伊斯蘭教的拜主順聖、「五功」敬修和個人道德方面的「修身養性」結合起來,實現了宗教信仰與人生修養的統一,完成了伊斯蘭教哲學和中華傳統文化的伊儒合璧,完整地構造了中國伊斯蘭教的哲學體系。同時,把儒家的綱常名教納入到宗教信仰實踐中,將以「五倫十義」為核心內容的中國傳統倫理道德加以改造,概括成回族穆斯林的「人道五典」,建立和完善了回族遵主命、守五典為主要內容的社會倫理觀,將其與伊斯蘭教的「天道五功」相提並論。回族哲學思想和倫理觀的建立,不僅豐富了中國伊斯蘭文化的內容,而且也使當時的漢族知識分子對伊斯蘭教這種外來文化產生了「隔教不隔理」、「似曾相識」的親近感和文化上的認同感,這在客觀上促進了伊斯蘭教在中國內地的深入傳播和發展。

新疆地區穆斯林民族在接受和傳播伊斯蘭教的過程中繼承和保留了部分游牧文化傳統和風俗習慣。與內地相比,新疆地區接受伊斯蘭教的時間

第一節　早期伊斯蘭教在中國的傳播

相對較晚，在伊斯蘭教傳入之前，這裡不僅存在著薩滿教等原始宗教崇拜，也有較發達的摩尼教、祆教和佛教。根據伊斯蘭教蘇非派亞薩維教團的《大智之書》記載，在中亞到新疆的草原游牧民族中，亞薩維教團的諸教長是用突厥語傳播伊斯蘭教的，所以在這裡存在著伊斯蘭文化與突厥游牧文化相調和，以及前伊斯蘭教時期其他宗教的有些儀式依然殘存於伊斯蘭教信仰之中的現象。[057]

從生活習俗上看，伊斯蘭教也是一種生活方式，它把宗教精神耕植於人們生活的各個細節，從而演化成為穆斯林共同遵守的生活習慣。在內地穆斯林的傳統觀念中，宗教活動中嚴禁鼓樂歌舞，以示嚴肅莊重。而在新疆，吹拉彈奏、行歌起舞卻是一項十分大眾化的文娛活動，成為文化生活乃至宗教節日慶典的一個十分重要的組成部分。每逢開齋節和古爾邦節，或在喜慶的日子裡，廣大穆斯林男女群眾興高采烈，在悠揚的樂聲中載歌載舞，與內地穆斯林民族形成強烈的反差。

從清真寺建築藝術上看，內地和新疆在遵循伊斯蘭教禮拜寺建築的共同原則的同時，表現了不同的藝術風格。在內地，回族穆斯林的清真寺建築較多地採納了中國傳統的建築方式。其結構及外形多呈傳統的殿宇式——重檐或單檐起脊勾連搭式結構，並配有四合院或三合院的平面布局特點。這種建築風格，一方面體現了回族伊斯蘭文化與儒家傳統文化相結合的物化形式；另一方面，它形成了世界伊斯蘭建築的一大特色而與其他地區的禮拜寺建築相區別。

新疆一帶，清真寺建築風格接近於波斯建築風格。如圓形的拱頂、高聳的尖塔、綠色或藍色的廊柱、藻井圖案等等，都是波斯清真寺常用形制。

057　張文德著：《中亞蘇非主義史》，中國社會科學出版社，2002 年，第 58～60 頁。

第四章　中國的伊斯蘭教及其派別

從文化內涵、表現形式、信仰制度、生活習俗和建築風格等不同的特點來看，中國伊斯蘭文化是由多元文化元素組成的綜合體，當它植根於中華大地後，就成為中國各族穆斯林大眾世代堅守和傳承的一種傳統文化，在中華民族文化史上占有重要地位。

第二節　中國伊斯蘭教的教派和門宦

一、中國伊斯蘭教的三大派別

格底目

「格底目」，係阿拉伯語音譯，意為「古老」，故稱「尊古派」。格底目是最早傳入中國的伊斯蘭教派，基本保持著伊斯蘭教傳入時期的宗教制度，所以，內地穆斯林普遍稱為「老教」。

格底目屬遜尼派，自明末清初伊斯蘭教在內地產生新的教派門宦之後，為同其他教派門宦相區別，遵守古老宗教制度的內地穆斯林便自稱「格底目」或「清真古教」，藉以表示自己的歷史悠久和正統性。

格底目在宗教思想上，堅持伊斯蘭教正統的「認主獨一」和「順聖」的原則。在宗教功修方面，嚴格實踐念、禮、齋、課、朝「五樁天命」功課。在教法上，遵循伊斯蘭教四大教法學派之一的哈乃斐派。格底目在長期的歷史發展中較深地受到中華傳統文化的薰陶和影響，既反對標新立異，又對其他教派門宦持寬容調和的態度。為適應穆斯林在內地「大分散，小集中」的居住特點，格底目最早建立了獨具特色的宗教組織形式，即教坊制。教坊在最初含有一定聚居區域之意，即在一個回族穆斯林聚居區內，通常有一至幾個清真寺，後來教坊的含義縮小，一個教坊就是一個

清真寺。格底目的教坊之間，互不隸屬，各自獨立。因此，格底目的教權組織比較鬆散。

　　格底目重視文化教育。明代晚期，中國內地伊斯蘭教經堂教育的興起就是從格底目開始的。經堂教育以教坊為單位，在寺內研習阿拉伯文、波斯文經典。傳習的經典，據後來學者的調查約有 45 種之多。格底目是伊斯蘭教遜尼派在中國內地的產物。其教坊制度對伊斯蘭教在內地的傳播及回族的形成起過重要的作用，至今仍然是回、東鄉、撒拉、保安等族群眾普遍的居住模式。

依黑瓦尼

　　伊黑瓦尼，阿拉伯文意譯，原意為「兄弟」，這是其創始人根據《可蘭經》中「凡穆斯林皆兄弟」的經文而起的名字。初創時期稱為「克塔布——遜奈」，意為「尊經崇聖」，故有「遵經派」之稱。該派是中國伊斯蘭教革新運動影響下產生的一個新教派，由於它產生的時間相對較晚，也被稱為「新教」。

　　伊黑瓦尼派在宗教思想上最主要的特徵是「遵經革俗」、「憑經立教」，強調「認主尊聖」，嚴格實踐念、禮、齋、課、朝「五樁天命」功課，反對宗教職業者利用誦經等活動獲取報酬或從中謀利，主張為教徒唸經不收「乜貼」等。

　　中國伊斯蘭教依黑瓦尼派的創始人馬萬福（1851-1934 年），經名奴海，祖籍甘肅省東鄉族自治縣果園村，尊稱果園哈知，東鄉族。馬萬福原是北莊門宦的教徒，其祖父和父親當過經堂小學教師。他自幼受到良好的家庭教育薰陶，經學功底扎實，後在當地清真寺唸經時嶄露頭角，受到經師賞識，22 歲掛帳穿衣（畢業），在家鄉擔任開學阿訇，深得當地穆斯林

器重。1886 年，馬萬福去麥加朝覲、留學，受到瓦哈比運動的思想影響，該派反對伊斯蘭教世俗化，主張「一切回到《可蘭經》中去」、倡導「憑經立教」、「尊經革俗」。[058]1892 年，馬萬福回國後脫離北莊門宦，創立了伊黑瓦尼教派。此後 15 年，馬萬福先後在甘肅臨夏、靜寧、陝西安康、湖北老河口等地傳教並取得成功，獲得了眾多穆斯林信眾。1895 年馬萬福發動東鄉族群眾參加了震動西北的「河湟事變」，失敗後化名潛逃，被代表舊勢力的回族反動軍閥馬安良告發，遭到清政府通緝，最後在新疆被捕。馬萬福在被押往蘭州途經河西走廊時，被西寧鎮守使馬麒（回族）派兵劫去受到保護。馬麒於民國三年（1914 年）任寧海鎮守使和蒙番宣慰使，有志於統一青海乃至西北回族伊斯蘭教各派，借此強化其在西北的統治地位。因此，後來馬萬福傳播伊黑瓦尼教派得到馬麒、馬步芳支持。到 1940 年代，依黑瓦尼派發展很快，在甘、青兩省已占有較大優勢。

民國初年吳忠人郭士高（馬萬福學生）、同心人虎嵩山阿訇在寧夏地區傳播依黑瓦尼派。由於他們在教學和宣傳中主張既學阿拉伯文又學漢文，提倡用漢文解釋和宣傳伊斯蘭教教義，注意培養新興宗教人才，得到群眾歡迎，於是依黑瓦尼派在寧夏得到較快發展。

伊黑瓦尼派實行互不隸屬的教坊制，內部沒有統一的教權組織和共同的宗教領袖。在清真寺的管理上實行以「學董」為首的「董事會」制，其成員由教眾推舉。

西道堂

西道堂是清末民初產生於甘肅省臨潭縣的一個回族伊斯蘭教派別，是以伊斯蘭教的共同信仰為旗幟，以財產共有、聯合經營、集體生活、平等

058　金宜久主編：《伊斯蘭教史》，江蘇人民出版社，2006 年，第 403 頁。

消費為特點的宗教社團和社會經濟組織。西道堂在宗教功修方面，嚴格實踐念、禮、齋、課、朝「五樁天命」功課。

西道堂的創始人馬啟西（1857-1914 年），字「慈祥」，號公惠，一度自號「鳳山金星」，經名穆罕默德·葉海亞，道號「西極園」，甘肅臨潭縣舊城人，出身宗教世家。馬啟西自幼受到良好的宗教教育，稍長上清真寺經堂學校學習阿拉伯語和經學知識。11 歲時，又被父母送到臨潭舊城漢族士紳范玉麟的私塾受教兩年左右，攻讀《四書》、《五經》。不久又從學於洮州名儒范繼武先生門下，甚得老師器重。

數年後，馬啟西在洮州參加「鄉試」，被錄為童生。約十八歲，赴鞏昌府參加「府試」，被取為秀才第四名，時稱「廩生」，成為在正式入仕前可以領取官府俸糧的讀書人。但他放棄對功名的追求，繼續專心學習伊斯蘭教經籍，並致力於王岱輿、劉智、馬注的伊斯蘭教漢文譯著的研究，獲得精深的伊斯蘭教知識和儒家人生哲理。馬啟西此時特撰一聯，生動地反映了他的認知過程和學術成就：

> 讀書得妙意，理合天經三十部；
> 養氣通神明，道統古聖百千年。

光緒十六年（1890 年），馬啟西在西鳳山家中設立私塾，名為「金星堂」，開館授徒，講授「四書」、「五經」和漢文伊斯蘭教經學著作，受到回族和其他民族學生的歡迎。

光緒二十七年（1901 年），馬啟西改「金星堂」為「西道堂」，勸導追隨他的教徒合夥經商務農，開拓洮河上游荒漠之地。一些富有教民將其財產全部或一半歸入道堂，並移居道堂，開始過集體生活，男子從事農、商、牧、林業；婦女則從事炊事和縫紉等，逐漸形成了一個融宗教、經濟、文化和教民生活為一體的西道堂穆斯林公社。公社成員的衣、食、

住、行、教育、婚喪和贍養所需均由道堂統一提供。

　　馬啟西的思想主要源於以下兩個方面：一是儒家的「大同」思想。這是馬啟西等所有深受儒家思想教育的仁人志士們歷來所追求的理想社會模式。二是早期「穆斯林公社」（阿拉伯語「烏瑪」）思想。穆罕默德早期被迫從麥加遷到麥地那時，他把「遷士」和「輔士」組織在一起，成立「穆斯林公社」，共同生活、集體勞動、團結一心、共同禦敵，對推動早期伊斯蘭教事業的發展起了重要作用。也給後來的伊斯蘭教信士們留下了深刻的影響。

　　在西道堂發祥地臨潭，中華人民共和國成立前的鼎盛時期生活在道堂內的穆斯林群眾有 400 多戶、2,000 餘人。有農莊 12 處，耕地近萬畝；林場 15 處，森林總面積數萬公頃；商號 16 個、商隊 20 個，分布 10 多個省（區）；牧場 5 處、牲畜存欄數最高時達 2 萬頭（隻）；道堂內設皮毛加工、釀造等各種作坊 28 個。[059] 西道堂具有三個最鮮明的特徵：其一是把伊斯蘭教和中國的傳統文化結合起來，用中華傳統文化闡揚伊斯蘭教的義理。西道堂所規定的宗旨就明確說：「本道堂根據伊斯蘭教教義，祖述伊斯蘭教正統，以宣揚金陵介廉氏學說，而以中華文化宣揚伊斯蘭教學理，務使同胞了解伊斯蘭教教義為宗旨。」[060] 其二是大力發展兼顧漢語文和阿文教學的現代學校教育事業；其三是建立了一種穆斯林經濟共同體，謀求建設一個「公正、平等、富裕」的穆斯林理想社會。

　　1978 年以後，西道堂的宗教生活得到恢復。1996 年 4 月 30 日，美國哈佛大學李普曼博士對西道堂進行深入調查研究後，寫了《熟悉的陌生人》一文，稱「西道堂是伊斯蘭教與中華傳統文化相結合的典範。」[061]

059　《甘南藏族自治州志・宗教志》。

060　《甘南藏族自治州志・宗教志》。

061　《中國民族報》2003 年 10 月 17 日第 3 版。

二、中國伊斯蘭教的四大門宦

虎非耶

虎非耶，阿拉伯語原意為「隱藏」、「低念」的意思，因其信徒舉行宗教儀式時，以主張低聲默念贊主詞「迪克爾」（阿拉伯語音譯，是穆斯林對真主的讚詞，原意為「懷念」、「嚮往」）為高貴而命名，故亦稱「低念派」。相傳該派是由清代中亞著名的伊斯蘭教蘇非派納黑什班底教團白山宗領袖阿帕克和卓和甘肅臨夏八坊人馬來遲分別傳授。據鮮維禮著《伊斯蘭教鮮門虎非耶》說，阿帕克和卓時稱阿法格·赫達葉·通拉希，他曾於康熙八年（1669 年）、十一年（1672 年）和二十年（1682 年）多次由新疆來到青海西寧一帶傳授納黑什班底教團虎非耶學理，受到當地穆斯林的敬車，先後創建了畢家場、穆夫提、臨洮、鮮門、小劉門、洪門等門宦。馬來遲於雍正六年（1728 年）抵達麥加朝覲，並遊學阿拉伯各地，在也門虎非耶道堂學習多年。雍正十二年（1734 年）回國後，在甘肅臨夏和青海一帶傳播虎非耶學理，創建了花寺門宦。另外，還有如北莊、通貴、明月堂、文泉堂等 20 餘個支系門宦，是中國穆斯林學者遊學阿拉伯、中亞和新疆，接受了虎非耶學理而自創的。

虎非耶派的基本特點是，堅守伊斯蘭教的正統信仰，尊奉《可蘭經》和《聖訓》，遵循哈乃非派的主張，強調教乘、道乘、真乘並重（乘為功修程式，教乘即嚴格遵守念、禮、齋、課、朝等教規以達到修身的境界；道乘即克服私慾雜念、達到養性的境界；真乘即透過修身養性達到人神合一的忘我境界），反對禁慾苦行和狂熱行為，力主在現世生活中進行功修。這是蘇非派納黑什班底教團的基本主張。納黑什班底教團得名於創始人和卓·穆罕默德·伊本·巴哈烏丁·納黑什班底（1314/1317-1389 年）。

他的觀點是：提倡入世主義思想，注重人生，關注現實生活問題，主張追求兩世幸福。他提出了功修的四條基本原則：一是修道於眾。即修道者不應離群索居，獨善其身，而是居於人群之中，在社會生活中履行宗教功修，感召他人，抑惡揚善。二是巡遊於世。即修道者要到大千世界遊歷旅行，以便接觸社會，開闊思想境界，認知真主創世的奧義。三是謹慎於行。即修道者要言行謹慎，深思熟慮，善惡分明，遵奉真主之誡命，倡導良風美俗。四是享樂於世。即修道者既要節制對物質生活的貪慾，又要反對禁慾主義。要認識真主造化的一切是供人類享受的，修道者要透過誠實勞動享受現實生活的一切美好之物。[062]

哲合林耶

　　哲合林耶，阿拉伯語為「公開的」、「響亮的」意思。由於該派主張高聲唸誦讚主詞「迪克爾」，以「明揚正道」，故又稱「高念派」。該派由甘肅階州（今武都）人馬明心創於 18 世紀中葉。據馬學智的《哲合林耶道統史》稱：馬明心於雍正六年（1728 年）隨叔父前往麥加朝覲，入也門謝赫·穆罕默德·布錄·色尼道堂學習蘇非學理，歷時 16 年，得其真傳。乾隆九年（1744 年）回國後，在河湟（今甘肅臨夏和青海地區）傳播哲合林耶教理，由於提倡簡化宗教儀式，守貧樂道，反對教權世襲，贏得了廣大穆斯林的歡迎，時稱「新教」。新教的發展，引起別的門宦的妒恨，遂引發教爭，遭到清政府的打擊，最後激起蘇四十三領導的反清起義。乾隆四十六年（1781 年）馬明心遭清廷殺害，後被回族穆斯林尊稱為賽義德·束海達伊（殉道者的領袖）。另一種觀點認為，哲合林耶的道統源自中亞納黑什班底教團的第五代教長、撒馬爾罕人和卓·瑪哈圖木·阿

062　敏賢麟：《蒙古游牧文明與伊斯蘭文明的交匯》，宗教文化出版社，2010 年，第 209 頁。

扎姆的少子和卓·伊斯哈克·瓦力所傳納黑什班底教團的黑山宗派。[063]

　　清中葉以來，哲合林耶門宦多次參加反清鬥爭，雖迭遭鎮壓，仍不斷發展，成為中國伊斯蘭教影響最大的門宦。信徒分布寧夏、甘肅、新疆、吉林、河北、江蘇、雲南等地。

　　哲合林耶門宦主張教乘和道乘並重，認為教乘是道乘的基礎和前提，是進行道乘的根本條件。只有教乘完滿了，才能進行道乘修練。如果只有教乘功課，而沒有道乘修練，功修無法完美。

　　哲合林耶門宦教權結構分為道堂、教區、教坊（清真寺）三級制。道堂是教主進行宗教功修和舉辦重大宗教活動的場所，也是教眾朝拜的拱北所在地。教區是由若干教坊組成的行教區域，由「那伊布」（波斯語「代理者」之意）和掌教阿訇（均由教主委派）管理，無一定任期，可隨意任免和調離。

嘎德林耶

　　嘎德林耶，阿拉伯語，原意為「大能者」。一般認為，該派源於波斯人阿布杜·卡迪爾·吉拉尼創立的蘇非派卡迪裡教團。阿布杜·卡迪爾·吉拉尼曾任巴格達經學院院長，是伊斯蘭教教義學權威。據該派有關資料記載，清康熙十三年（1674 年），穆罕默德二十九世後裔華哲阿布杜·董拉希從阿拉伯來到兩廣、雲南、貴州等地傳教，後至甘肅臨夏一帶傳播嘎德林耶教理，贏得了當地穆斯林的崇信。他的學生祁靜一和雲南馬等人先後創立了大拱北、海門、齊門、阿門、韭菜坪、後子河等支派門宦。其中大拱北是嘎德林耶教理在中國的主要傳承者。

063　陳國光：《新疆伊斯蘭教史上的伊斯哈克耶 —— 兼論中國哲合林耶門宦的來源》，《世界宗教研究所》1987 年第 1 期。

第四章　中國的伊斯蘭教及其派別

嘎德林耶在中國傳播的過程中，受到東方哲學思想的影響，具有明顯的出世傾向。該派主張凡誠心干教門的修道者，必須棄絕塵世、清心寡慾，淡泊明志，注重內心苦修。所以，他們把焚香靜坐悟道作為自己的主要功課。該門宦所屬各地的先賢墓廬和靜修地，都遠離城鎮人群喧囂之地，多在寧靜幽深的山林之間，意在超凡脫俗、修身養性。嘎德林耶對宗教功修的觀點是，教乘是一切宗教功修的基礎，是修身之道，在此基礎上才有道乘、真乘的實踐。

嘎德林耶創始人稱作「道祖」，歷代傳教者稱作「當家人」。要成為「當家人」，必須是童子出家，不娶妻室，棄俗離塵，在巡遊中至誠苦修。其道統繼承是傳賢不傳子。出家人必須離家修道或在拱北、道堂進行功修。

嘎德林耶有祁門、雲南馬兩個系統。主要分布在甘肅臨夏、蘭州、寧夏固原；青海西寧、化隆；陝西西鄉、漢中，四川閬中、廣元等地。

庫布林耶

庫布林耶，阿拉伯語「至大者」之意。據稱該派源於中亞花剌子模人納吉姆・丁・庫布拉創立的庫布拉維教團。該教團第二代傳人舍木薛丁・巴哈兒則曾因勸導蒙古金帳汗別兒哥皈依伊斯蘭教而名垂伊斯蘭史。[064] 其傳入人為一個名叫穆罕引迪尼的阿拉伯人。他自稱聖裔，曾於清朝初年三次來中國傳教，第一次到兩廣，第二次到兩湖，第三次從新疆到甘肅、青海，最後定居河州東鄉大灣頭，躬耕自食，改姓張氏。穆罕引迪尼逝世後，建拱北（陵墓）於大灣頭山腰上，故又稱「大灣頭門宦」。由其子艾罕麥提・克比若・白賀達吉繼承道統。之後，其子孫世襲教長，但教權比

064　敏賢麟：《蒙古游牧文明與伊斯蘭文明的交匯》，宗教文化出版社，2010 年，第 87 頁。

較分散，教務多由各坊阿訇主持，人數也比較少，主要分散在甘肅東鄉、康樂及皋蘭等地。

　　庫布林耶門宦的教理，主要反映在對教乘、道乘、真乘、超乘的認識上，主張四乘是相輔相成的統一體，教乘是體的功修，道乘是心的功修，心寓於體，體不離心，二者交融就是真乘的境界，進而修身練性，可以達到渾化歸一，天人合一的超乘境界。

第四章　中國的伊斯蘭教及其派別

第五章　回族的哲學思想和倫理道德

第五章　回族的哲學思想和倫理道德

第一節　回族的哲學思想

伊斯蘭教傳入中國後，其宗教思想開始了與以儒家思想為代表的中華傳統文化的交流和溝通，即「回儒對話」。歷經唐宋的碰撞了解、元代的「附儒」而行和明代的縱深研究，到明末清初回族穆斯林學者「會通諸家而折衷於天方之學」，[065] 將伊斯蘭教教義和哲理譯著為漢文經籍，實現「以儒詮經」，「回儒對話」達到了歷史的巔峰，至此，帶有濃郁中國色彩的回族哲學體系在儒家思想的影響下得以建立，伊斯蘭教的本土化、中國化進程進一步深入。

一、什麼是回族的哲學思想

回族哲學是闡述與伊斯蘭教義有關的哲學基本問題的學說和體系。是回族穆斯林用中華傳統文化的思想、語言文字，研究、整理和闡釋伊斯蘭教的本體論、創造論、人性論、認識論、道德論，使之系統化、理論化，用於指導回族穆斯林認主順聖，履行念、禮、齋、課、朝五項宗教功修義務，處理好社會人際關係，建設和諧社會和美好生活，實現兩世幸福。

回族哲學既有中國傳統哲學的濃郁色彩，如借助中國傳統哲學中的無極、太極、陰陽、五行、身心、性命、格物致知的學說，闡釋伊斯蘭教的哲學問題。又保持了正統的伊斯蘭教世界觀、價值觀、認識論和方法論，是伊斯蘭哲學思想和中國哲學思想的互相補充，也是伊斯蘭哲學思想中國化的結晶。這既是對中國傳統哲學思想的一種補充和豐富，也是對世界伊斯蘭文化的一種寶貴的貢獻。

065　《天方性理·袁序》。

二、回族哲學思想是如何產生的

回族哲學思想產生的社會背景

回族是中國境內形成較晚的一個年輕民族，分散於全中國各地。歷史上形成的大分散、小聚居的分布特點，使這個民族從產生以來就處在漢文化的汪洋大海之中，為了積極適應中國以漢民族為主體民族、漢語言為通用語言、漢文化為主流文化，儒家思想為統治思想這一國情，讓雜居的回族穆斯林能夠更加準確、理性地認識伊斯蘭教的真諦，堅守和發揚伊斯蘭教信仰，並推進伊斯蘭教本土化，讓中國的主體民族 —— 漢族群眾能夠對伊斯蘭教有一個清晰的了解、客觀的認識，消除不必要的誤會和隔膜。根據伊斯蘭教主張的人類各民族同根同源，一律平等，各民族應該互相學習、和睦相處，共同治理世界，建設美好生活的精神，明清時期的回族伊斯蘭學者在保持伊斯蘭教世界觀、價值觀的前提下，對比研究了伊斯蘭文化和儒家文化，產生了「天方之經大同孔孟之旨」的思想認識。[066] 發起了一場以漢文譯註伊斯蘭教典籍的「以儒詮經」運動。

「以儒詮經」和回族哲學思想的產生

「以儒詮經」就是用儒家文化的語言、思想對伊斯蘭教經籍進行意譯，闡發伊斯蘭教的教義和教理。達到「本韓柳歐蘇之筆，發清真奧妙之典」的目的。[067]

「以儒詮經」是明末清初以張中、王岱輿、伍遵契、馬注、劉智為代表的回族學者兼翻譯家發起的一場宗教學術運動。

066　劉智：《天方性理・自序》，中州古籍出版社，1994 年。
067　楊懷忠，余振貴主編：《伊斯蘭與中華文化》，寧夏人民出版社，1995 年，第 386 頁。

第五章　回族的哲學思想和倫理道德

「以儒詮經」的具體做法就是回族伊斯蘭學者在翻譯論述伊斯蘭教本體論、創造論、人性論、認識論等範疇時，借鑑融入了中國傳統哲學中的無極太極、陰陽五行、身心性命、格物致知的學說。在本體論、創造論上，他們一方面承認太極學說中關於萬物統一於五行，五行統一於陰陽，陰陽統一於太極，太極本無極的說法；另一方面，又提出在無極和太極之先，還有一個「造化之原主」，這就是「真一」（即真主），認為真主才是造化天、地、人、物的本體和世界萬事萬物的總根源；在認識論上同樣借用了宋明理學中格物致知的觀點。

「以儒詮經」運動在回族文化史和中國伊斯蘭教史上是一件具有劃時代和里程碑意義的大事，它不完全是用漢文對伊斯蘭教經籍進行翻譯和註釋，而是翻譯者在堅持伊斯蘭教正統信仰的前提下，吸收中華傳統文化特別是宋明理學的有益養料後對伊斯蘭文化的再創作、再豐富。其成果是完成了伊斯蘭教哲學和中華傳統文化的伊儒合璧，完整地構造了中國伊斯蘭教的哲學體系。

這場運動掀起了回族思想文化建設的一個高潮，為中國穆斯林打開了一條在漢文化背景下盡人道、修天道、追求兩世幸福的精神修練之路，把中國伊斯蘭教的發展推到了一個新階段。

「以儒詮經」運動的主要代表人物及其代表作品

明末清初參與「以儒詮經」運動的回族伊斯蘭學者甚眾，譯註很多，內容很廣泛，涉及伊斯蘭文化的各個領域，如認主學、教義學、哲學、聖訓學、經注學、史學、文學、語言學、邏輯學、教法學以及典禮制度、民風習俗等。主要代表人物有：

◇ 王岱輿（約 1570-1658 年），名涯，別署「真回老人」，回族，金陵（今南京）人。寫有《正教真詮》、《清真大學》兩部漢文譯註，系統闡述了伊斯蘭教哲學的本體論、創造論、認識論。

◇ 馬注（約 1640-1711 年），字文炳，晚年號指南老人，回族，雲南保山縣人，元咸陽王賽典赤·瞻思丁十五世孫，故自稱係穆罕默德四十五代「聖裔」。著有《清真指南》一書，內容浩繁，涉及伊斯蘭教歷史、教義、哲學、天文等等。

◇ 劉智（約 1660-1730 年），字介廉，晚年自號　齋，回族，金陵（今南京）人。著述甚富，其代表作有三部：《天方性理》、《天方典禮》、《天方至聖實錄》，其中《天方典禮》是唯一收入《四庫全書》書目中的中國伊斯蘭教著作。此外還有《五功釋義》、《五更月偈》、《天方禮經》等十部作品。劉智用儒家的語言、思想，系統地研究、整理、總結了伊斯蘭教教義和哲理，完整地構造了中國回族伊斯蘭教思想體系，成為中國回族伊斯蘭教哲學思想的集大成者。

◇ 馬德新（1794-1874 年），字復初，回族，雲南大理人。寫有《四典要會》、《大化總歸》、《醒世箴言》等十餘部著作，涉及伊斯蘭文化諸多領域，在中國伊斯蘭教史上產生了一定的影響和作用。

以上四人被公認為明末清初以來回族中最負盛名的四大漢文伊斯蘭教譯註家。

三、回族哲學思想的內容

回族哲學思想博大精深，主要包括本體論：即真主是創造萬物的本原；創造論：宇宙萬物是有始的、被造的。宇宙萬物的生長、發展、運行

第五章　回族的哲學思想和倫理道德

都是有規律可循的；人性論：人為萬物之靈，真主造物是為人類。人因真性和稟性之不同而有上智下愚之分；認識論：認識的主體是人。認識的對象是物質世界和精神世界。認識的方法是體認和內省。認識的目的是透過感知、觀察、認識世界的一切事物及其存在和發展規律，推證出真主阿拉的實有和大能。

本體論

　　回族學者根據伊斯蘭教「一切非主，唯有真主」的教義，結合儒家思想，在本體論上提出了客觀唯心主義的「真一說」。即宇宙的本原或萬物的根源是一個超自然的神，這個神是宇宙的締造者和主宰，這個神就是真主阿拉，王岱輿、劉智稱之為「真一」。從本質上講，「真一」具有「原有無始，久遠無終，不屬陰陽，本無對待，獨一至尊，別無一物。無歲月、無方所、無形象、無摻雜、無阻礙、無近遠、無伴侶、無比肩、無如何、能命有無而不落有無，造化萬物而不類萬物」的特徵。[068] 劉智在《天方性理》卷首，就開宗明義地講道：「最初無稱，真體無著，唯茲實有，執一含萬，妙用斯渾，唯體運用，作為始出。」[069] 這裡的「真體」就是造化的本源，即執宰宇宙萬物生生不息的最高主宰。他在通俗易懂的《清真醒世歌》（又稱《五更月偈》）中說道：「參悟真宰無影形、不產物、物不生，不落方所不落空，永活原有無終始，獨一無偶為至尊，全體存、大用運，動靜一顯開妙門。」

068　《清真大學・本然第一章》。
069　《天方性理・卷首・本經・第一章》。

創造論

伊斯蘭教主張宇宙萬物是有始的、被造的，其起源和歸宿都在真主，真主從「無」中創造了宇宙萬物。《可蘭經》說：「你們的主確是真主，他曾在六日內創造了天地，然後升上寶座，處理萬事。」（10：3）「眾人啊！我確已從一男一女創造你們，我使你們成為許多民族和宗族，以便你們互相認識。」（49：13）遜尼派教義學認為，真主之外的宇宙萬物都由實體（al-jawhar）和偶性（arad）構成；實體本身是由於真主的意欲而被創造的，實體在形態上表現為占據一定空間的原子（al-jawharal-fard）等。真主為宇宙萬物設置了一定的規律，每一事物均按照真主的定規運動。

宋代理學家周敦頤在《太極圖說》中論證宇宙萬物是這樣生成的：「無極而太極，太極動而生陽（氣），動極而靜，陽變陰和而生水、火、木、金、土，五氣順布、四時行焉。」儒家文化中有關宇宙生成的理論「陰陽說」、「五行說」和「太極圖說」，成為回族伊斯蘭學者藉以闡述伊斯蘭教宇宙生成論的語言工具和思想基礎。不過，在「無極而太極」之上，回族伊斯蘭學者又增加了作為創造者的真主。王岱輿描述了真主創造宇宙的形成過程，即：真一→數一（無極、太極）→陰陽→天地→四大（土火水氣）→人、萬物。馬注在《清真指南》中也基本肯定萬物統一於五行、五行統一於陰陽、陰陽統一於太極，太極本無極的觀點，但他認為在太極、無極之先，原有一無色無相、靜寂無聲的唯一真宰存在，乃是創造宇宙萬物的造物主 —— 真主「要展揚自己，運無極而開眾妙，使億兆靈明寄純清之天表；要展揚巨能，成太極而萬象畢陳，一形一命，一命一性，一性一理，形殊技異，食別音分，以不同之形軀，處不同之世界，滋

孕保養，生生不息」。[070]

人性論

伊斯蘭教主張，人是物質世界中最高的被造物，是「靈（Rūh）——魂（Nafs）——體（Jism）」三者的結合。就「真主——世界——人類」三者的關係而言，伊斯蘭教認為真主創造世界萬物的目的是讓人類成為世界的代治者（哈里發）；而人類的最高目的是認識真主、崇拜真主、親近真主。《可蘭經》云：「他以大地為你們的席，以天空為你們的幕，並且從雲中降下雨水，而借雨水生出許多果實，做你們的給養，所以你們不要明知故違地給真主樹立匹敵。」（2:22）《可蘭經》明確指出人是大地的主人，「繼先民之後而為大地的主角的人們」（7:100）；「我必定在大地上設置一個代理人」（2:30）。真主要人類成為世界主人的目的是讓人類用真主賦予的知識、能力去認識真主、敬拜真主，並按真主的旨意去治理世界、改造世界、建設世界、為人類造福。

回族伊斯蘭學者在論證人與萬物的關係時，既堅持伊斯蘭教對於人類的基本定位，也吸納儒家的「貴人」思想，從而豐富了回族伊斯蘭教的人學理論。王岱輿指出無極、太極和人是「種、樹、果」的關係，「真主運無極而開眾妙之門，成太極而為萬有之宗，造人極而為萬民之根。無極為種，太極為樹，人極為果。樹生果裡，果藏種中，人極雖微所包者大。」[071] 劉智在前人思想的基礎上進一步論述了人為萬物之靈：「人之生也，非一聽於陰陽之氣，自相摩蕩而成者也，實有真宰主持乎其中。蓋有天地而無人，則天地之設位何用？有萬物而無人，則萬物之取用誰歸？此以知天

070　馬注、余振貴標點：《清真指南：卷九・天宮賦》，寧夏人民出版社，1988年，第411頁。
071　《天方性理》卷一《大成全品圖說》。

地萬物之生，凡以為人也。人也者，真宰全體大用畢聚於其中，以自然而
然之知能，運氣、土、水、火四行之精粹，閱四十晨而其身始成，表裡體
竅無不與世界所有相印合。人之身，統括一切所有之身，人之心包總一切
所有之心；人之性，渾合一切所有之性，是以人為萬物之靈也。」[072] 伊斯
蘭教認為人之所以為人，是因為人有意識和良知良能，即人類精神，有了
人類精神就可以認識真理、追求真理。一段著名的「古都斯聖訓」（Had-
ithQudsi）[073] 正好反映了這種思想：真主說「天地萬物不能承載我，唯有
我的僕人的心能承載我」。在論證伊斯蘭教的創造論和穆罕默德作為「至
聖」的崇高地位時，劉智同樣借鑑和吸納了中華傳統文化中與伊斯蘭文化
比較相近的人學理論。他說「天地間人為貴，而人有聖、賢、知、愚。
聖為貴，聖復有列聖、欽聖、大聖、至聖。至聖為至貴，穆罕默德至聖
也。」「須知至聖雖居人寰，而其靈實為造化之根源，其形實為天地之模
範」。[074] 伊斯蘭教認為，真主創造天地萬物是為了人類，而派遣穆罕默德
為「欽差」是為了替主宣揚真理、引導人類、治理大地。

認識論

　　伊斯蘭教的認識論建立在認主學（al-Tawhīd）和人性論的基礎上。在
一段「古都斯聖訓」中，真主說：「我不造化一物便罷，每造一物，本為
人；不造化則已，一旦造化了人本為認我。」伊斯蘭教認為真主創造人，
給人以智慧、德性，賦予人以聽覺、視覺、嗅覺、味覺、觸覺等功能，讓
人受用萬物，目的是為了讓人去感知、觀察、認識世界的一切事物，進而

072　《天方性理》卷一《大成全品圖說》。
073　註：「古都斯」（Qudsi）阿拉伯語原意為「聖潔的、聖神的」，指一類特殊的聖訓。這類聖訓
　　　雖是先知穆罕默德口述，但在其中真主以第一人稱說話，故其實質是一種降示給先知的啟示。
074　劉智：《天方至聖實錄》，馮增烈點校，中國伊斯蘭教協會印，1984年。

從天地萬物的實有及其發展規律中來認識造物主的獨一和大能。

　　回族伊斯蘭教學者普遍借鑑了中國傳統哲學中的認識論觀點，用來為伊斯蘭教「認主獨一」的基本教義服務。聖人說：「我不見一物則已，第見一物，便認得主。」[075]劉智更是強調：「夫致知格物，乃萬學之先務也。不能致知格物，而曰明心見性、率性修道，皆虛語也。故吾教致知格物之學，以認識主宰為先務焉。」[076]劉智在堅持「認主獨一」的前提下，把伊斯蘭教的認識論與中國傳統哲學的心性論和格物致知論結合起來，提出了他的「體認」思想和方法。他說：「工藝必有匠，大造必有主。」「今夫見草木之偃仰而知有風，觀翠綠之萌動而知有春，視己身之靈明而知有性，參天地之造化而知有主。必然之理也。」[077]「人之生也，其體有三。身體、心體、性體是也。以體而體夫真一者，亦有三。即以此三體而體之也」。[078]他又說：「今日由盡心而得以知性，由知性而即以認識主宰，此後天之事也。認識主宰是造化天地萬物者，是我之心性所以出者。」[079]劉智在這裡提出了以萬物生成，尤其是人類自身的「身體、心體、性體」來體認真宰的思想，認為只有這樣才能認識真宰，接近真宰，進而達到「無間」、「無礙」的境界。

第二節　回族倫理道德

　　回族倫理道德的形成源於伊斯蘭教倫理思想。伊斯蘭教十分重視人們的倫理道德建設，《可蘭經》中規定最多的當屬人倫道德和社會規範的內

075　《清真指南》卷三《格物》。
076　《天方典禮擇要解》卷三《識認篇》。
077　《天方典禮擇要解》卷三《識認篇》。
078　《天方性理》卷五《體一三品圖說》。
079　《天方典禮》卷一《原教篇》。

容。作為穆斯林基本信仰的「念、禮、齋、課、朝」五樁天命中，都包含著十分豐富的人道倫理精神：念功要求人們除去私慾雜念，禮拜要人們一日五次靜心思過，齋戒幫人培養堅忍、克己、自律、關愛他人的優良品德，而出散天課，更能培養人克制私慾、助人為樂的情懷，朝覲使不同國度、種族、階層的人們共聚一地，平等相處，舉行同樣的儀式，表達同樣的心願，有助於人類大同理念的昇華。穆斯林在平日的功修中應當不斷省躬滌過、淨化身心、團結協作、濟貧救困、利他向善。

一、伊斯蘭教倫理道德的基本範疇

伊斯蘭教要求人們從積極履行人倫義務做起，孝敬父母、愛護家庭、與人為善、以德報怨，做一個寬容、誠實、勤奮、節儉、有信仰、有擔待、有愛心、有修養的人，回族穆斯林世代堅守著這些倫理道德規範。

《可蘭經》明確規定：「你們……當孝敬父母，當優待親戚，當憐恤孤兒，當救濟貧民，當親愛近鄰、遠鄰和伴侶。」（4:36）

伊斯蘭教重視婚姻和家庭，要求男女雙方互相尊重和愛護，以維護家庭幸福和社會穩定。「可蘭經」說：「男女互為對方的衣裳。」（2:187）「你們不要接近私通，因為私通確是下流的，這行徑真惡劣。」（17:32）

伊斯蘭教要求人們與人為善、和為貴、相互寬容。《可蘭經》指出：「你們應當行善，真主的確喜愛行善的人。」（2:195）「善惡是不一樣的，你應當以最優美的品行去對付惡劣的品行，那麼，與你相仇者忽然間會變得親如密友。」（41:34）人們要「以明智寬恕的態度忍受他人的無端傷害。」（64:14）要「消除人們之間的仇視，代之以和睦。」（23:102）《可蘭經》告誡人們要了解到「你們有你們的宗教，我也有我的宗教。」（109:6）「對於宗教，絕無強迫。」（2:256）《聖訓》教導：「你們慈愛大

地上的所有人，真主必慈愛你們。」「和解是最好的判決。」就是要求人們化解仇恨，互相關愛。

　　伊斯蘭教提倡追求「兩世」吉慶，要求人們在進行宗教功修，追求後世幸福的同時誠實勞動，自食其力，反對以不正當的手段獲取財富。《可蘭經》指出：「你說『我的宗族啊！你們當盡力而工作，我必定也要工作。你們將知道誰獲後世的善果。』」（6:135）「真主准許買賣，而禁止重利。」（2:275）「你們不要借詐術而侵蝕別人的財產。」（2:118）

　　伊斯蘭教提倡勤儉節約，反對奢侈擺闊，《可蘭經》指出：「以財產和子孫的富庶相爭勝者」，「在後世也有嚴厲的刑罰。」（57:20）「你們應當吃、應當喝，但不要過分，真主確是不喜歡過分者的。」（7:31）

　　《可蘭經》中記載著各種有生物和無生物，它們都是奉真主的命令來點綴大自然的，各有作用，缺一不可。所以人類應該善待它們，保護它們。《聖訓》教導人們：「對一隻動物之善行與對人之善行同樣可貴；對一隻動物之暴行與對人之暴行有同樣的罪孽。」聖訓要求人們愛護樹木，優化環境，認為這是佳行：「任何人植一棵樹，並精心培育，使其成長結果，必將在後世受到真主的賞賜。」伊斯蘭教所倡導的論理道德規範，自然成為回族穆斯林主要的倫理道理範疇。

二、王岱輿、劉智、馬注對回族倫理道德理論的建設

　　王岱輿、劉智、馬注對回族倫理道德理論的建設，主要體現在以儒家倫理文化為背景的中國社會建立完善了滲透著儒家精神的回族的人倫道德規範。王岱輿把儒家的忠君孝親之義改造成伊斯蘭教的人生三大正事：「人生在世有三大正事，順主也，順君也，順親也。凡違此三者，則為不

忠、不義、不孝矣」[080]劉智等學貫中西的回族譯著家將以「五倫十義」為核心內容的中國傳統倫理道德略加改造，巧妙地概括成回族穆斯林的「人倫五典」，即夫愛婦敬、父慈子孝、君仁臣忠、兄弟協義、朋友忠信。將其與伊斯蘭教的「天道五功」（念、禮、齋、課、朝）相提並論：「五功」者，「念真、禮真、齋戒、捐課、朝覲天闕也。……五功修完，而天道盡矣。」「五典」，「即君臣、父子、夫婦、昆弟、朋友五倫之教也。天方又謂『五成』，蓋君臣成其國，父子成其家，夫婦成其室，昆弟成其事，朋友成其德也，皆有當然不易之禮。五典修完，而人道盡矣。」[081]「天道人道，原相表裡，而非二也。蓋盡人道而返乎天道，斯天道有以立其基；盡天道而存乎人道，斯人道有以正其本。天道人道盡，而為人之能事畢矣。」[082]劉智「五典」思想與儒家「五倫」理念既有一致性又有不同點。其一致性體現在劉智充分肯定了儒家天人合一的思想和與此相關聯的三綱五常的觀念。劉智說：「蓋有天地而無人，則天地之設位何用？有萬物而無人，則萬物之取用誰歸？」「人之身，統括一切所有之身，人之心，包總一切所有之心；人之性，渾合一切所有之性，是以人為萬物之靈也。」[083]在天與人的關係上，劉智雖然強調「人為貴」，「人為萬物之靈」，其主旨在於突出說明人是真主在大地的「代治者」，有理性、有責任、有良知良能，但他也承認人與天地萬物是相通的。

　　關於儒家所強調的「五倫十義」的思想觀念，劉智也持贊同的立場，認為這是「君臣、父子、夫婦、昆弟、朋友之常經，為天理當然之責，一

080　《正教真詮‧真光》。
081　《天方典禮》卷一《原教篇》。
082　《天方典禮擇要解》卷十五。
083　《天方典禮》卷一《大成全品圖說》。

定不易之禮」，是「萬物之本也」[084]。

　　劉智「五典」思想與儒家「五倫」理念的不同點是，儒家「五倫」理念所強調的是君權至上的觀念。《易傳·序卦》從自然和人類社會發展的角度對早期儒家的「五倫」關係進行了論證：「有天地，然後有萬物；有萬物，然後有男女；有男女，然後有夫婦；有夫婦，然後有父子；有父子，然後有君臣；有君臣，然後有上下；有上下，然後禮義有所措。」由此排出了一夫婦、二父子、三兄弟、四君臣、五朋友的五倫關係。但後來儒家思想的集大成者孟子出於維護所謂的王道精神和等級秩序，對早期儒家的「五倫」思想進行了改動，提出了：「父子有親，君臣有義，夫婦有別，長幼有序，朋友有信」[085]的「五倫」觀。荀子在孟子思想的基礎上，進一步突出君權至上的觀念，提出「君臣、父子、兄弟、夫婦，始則終，終則始，與天地同理，與萬世同久，夫是之謂大本」[086]。秦漢以後，儒家綜合了孟子和荀子的思想，排出了一君臣、二父子、三兄弟、四夫婦、五朋友的五倫順序並以此作為定製長期沿用。劉智則根據《可蘭經》、《聖訓》精神，分別以夫婦、父子、君臣、兄弟、朋友為序，建立了回族倫理學的「五典」論，從而超越了儒家君臣至上的觀念。他說：「有夫婦，而後有上下。在家為父子，在國為君臣。有上下，而後有比肩。同出為兄弟，別氏為朋友。人倫之要，五者備矣。」他認為夫婦是「生人之本」、「人道之綱」。「修此而後家道正，家道正而鄉國正矣。」父子是「尊卑之本」。「父子定，則鄉而長幼，國而君臣，由是皆定矣。」君臣是「治道之本」。「道統於君，行於臣，君臣之分定，而天下歸於至治矣。」兄弟是「親愛之本」、「並蒂之果，同本之支」。「舉世交遊，未若兄弟之

084　《天方典禮擇要解》卷十。
085　《孟子·滕文公上》。
086　《荀子·王制》。

近切而無嫌也。故聖人教人親愛，自兄弟始。」朋友是「成德之本」。「生我者，父母；教我者，師長；成我者，朋友。朋友一倫，能成四倫之功。故聖人教人定交，以成德也。」[087] 劉智的「五典」思想充分體現了回族倫理道德輕等級、重人倫的人性光芒。馬注也贊成「人道五典」說，但突出了忠君思想。

　　馬注在伊斯蘭教的倫理觀、善惡觀、和諧觀基礎上，提出了富有中華文化特色的回族「四善」理念，在其所著《清真指南》中指出：「能慈骨肉者，謂之獨善；能慈同教者，謂之兼善；能慈外教者，謂之公善；能慈禽獸、昆蟲、草木者，謂之普善」。「四善」說要求人們不斷超越自我，擴大愛的邊界，從同胞到同道到同類，延伸至整個大自然，從而實現人與自然萬物的和諧共生。

三、回族倫理道德的社會意義

　　回族人民在伊斯蘭精神和中華傳統文化的雙重影響和薰陶下已建立起敬主順聖、愛國愛教、注重氣節、堅韌剛強、勤勞勇敢、尊老愛幼、關愛他人、輕財重義、守中致和、團結互助的倫理道德觀念，這些倫理道德觀念除宗教要素外，都與中華民族優秀的傳統道德若合符節，體現了諸族一家、文化互尊、多元通和的人本精神，可以說，回族的倫理道德觀念豐富和發展了中華民族的倫理道德內容。繼承和弘揚回族倫理道德的優良傳統，對於提升回族的民族精神和素質，加強民族團結，營造文明和諧共榮的社會環境，維護社會穩定、國家安全和統一，推進社會進步，實現中華民族的偉大復興具有非常重要的作用。

　　本章內容主要參考敏賢麟《明清時期回儒哲學思想溝通淺談》（《回

087　《天方典禮擇要解》卷十。

族研究》2008 年第 4 期）。

第六章　回族的文化教育

第六章　回族的文化教育

　　回族先民來到中國時，就繼承了先知穆罕默德「學習從搖籃直到墳墓」和「學問雖遠在中國亦當求之」的聖訓精神，熱愛知識，重視教育，在此後數百年的發展中，形成了獨具特色的教育模式。一方面，由於回族全民信仰伊斯蘭教，宗教教育（經堂教育）便成為其教育的重要內容。另一方面，回族世代與漢族等兄弟民族交錯雜居，生活在浩如煙海的漢文化海洋之中，對外交往需要講漢語，用漢文，社會環境決定他們必須接受中國式的普通教育，即漢文化教育。兩種教育兼容並蓄，共同發展，為回族培養、造就了一代又一代宗教及其他各類人才，推動了回族經濟、文化的發展和進步。

第一節　經堂教育

　　元代中期以後，中國伊斯蘭教的發展進入一個新階段，隨著回回民族人口迅速增加，各地回族居民點普遍建立起清真寺，宗教人才的需求隨之增大，單靠外來經師（阿訇）已經遠遠不能滿足需求。更重要的是，外來經師已經很難適應以漢語作為本民族共同語言的回族穆斯林發展教育的要求。於是，在中國形成了「經文匱乏，學人寥落，既傳譯之不明，復闡揚之無自」的局面。[088] 正是在這種情況下，產生了經堂教育。

一、經堂教育的歷史背景和主要學派

　　經堂教育也稱「寺院教育」、「回文大學」。「經」是指伊斯蘭教經籍，「堂」即清真寺（唐代人稱清真寺為「禮堂」）。因經堂教育的場所附設在清真寺，且以傳習伊斯蘭教經典為主要內容，故名。

088　馮增烈：《「建修胡太師祖佳城記」碑敘》，《中國穆斯林》1981 年第 1 期。

明嘉靖年間，陝西大阿訇胡登洲自麥加朝覲回國後立志興辦伊斯蘭教育，培養宗教人才。他先在自己的家中設帳講學，免費招收學員，後來借鑑伊斯蘭國家在清真寺內附設學校的辦法，將學堂移到清真寺內，並結合中國傳統私塾教育，創立了中國伊斯蘭教經堂教育。胡登洲的弟子中出現了一批著名阿訇。他們進一步發展完善了胡登洲建立的經堂教育制度，最後形成了具有中國特色的伊斯蘭教育體制。此後，各地回族穆斯林爭相仿之，興辦經堂教育，形成了不同的學派。

◇ **陝西學派**：以胡登洲及其再傳弟子周良儁為代表。胡登洲（1522-1597年），字明普，經名穆罕默德·阿卜杜拉·伊勒亞斯，陝西省咸陽渭城人，被穆斯林尊稱為「胡太師巴巴」。胡登洲開中國經堂教育之先河，周良儁則是其所處時代經堂教育中的代表人物之一。周良儁弟子眾多，他們學成後分別在西北地區、河南、雲南等地開學，講經授徒，影響深遠。陝西學派在教學內容和方法上注重「專而精」，即要求學生在學習宗教知識時專攻阿拉伯文經典，甚至集中精力專攻一門課程，學生如要兼學另一門，則須另擇老師講授。一般來說，陝西學派長於凱倆目學（認主學）。

◇ **山東學派**：中心在山東濟寧，代表人物是胡登洲四傳弟子常志美（1610-1670年）。常志美，字蘊華，被尊稱為「常巴巴」。他祖籍撒馬爾罕，在馬真吾和張少山門下學習伊斯蘭教經典。曾先後在濟寧東大寺和西大寺設帳講學，聲名遠颺。他在講經授徒中逐漸形成自己的風格，遂被稱為山東學派。常志美知識淵博，在教學中阿拉伯語、波斯語兼授，尤精於波斯文，著有波斯語語法課本《海瓦依·米諾哈吉》，受到國內外穆斯林學者好評。山東學派重「博而熟」，認為只有這樣才能夠全面地掌握伊斯蘭教博大精深的學問。在講授《可

蘭經》時兼授教法學，同時也繼承陝西學派的傳統，對認主學頗為重視。山東學派盛行於山東、河北及東北地區。

◇ **雲南學派**：由雲南大理人馬德新（1794-1874 年）開創，玉溪人馬聯元（1841-1903 年）發展的一個經學學派。中心地雲南臨安（今建水）回龍、玉溪大營。其特點是阿拉伯文、波斯文並授，也注重學習漢文，在經堂授課中還用阿漢兩種文字的譯著來講課，首開傳統經堂教育向新式經堂教育過渡的先河。雲貴及四川部分地區多屬此派。

◇ **河州學派**：清代中後期以河州（今甘肅省臨夏市）為中心形成的一個學派。元明以來，河州成為回族、東鄉族、保安族、撒拉族等穆斯林民族聚居區之一，是中國伊斯蘭教派和門宦的主要形成和傳播地。17世紀下半葉以後，由境外和新疆來的蘇非派傳教士在這裡傳播蘇非教義，先後形成了大拱北、華寺、北莊、穆夫提、畢家場等 20 多個門宦。清末，各教派、門宦積極興辦經堂教育，培養宗教人才，藉以傳播本派學理，擴大影響，逐步形成了河州學派。

二、經堂教育的學制和教學內容

經堂教育是兩部制的教育制度，分小學部和大學部。小學部既是向穆斯林少年兒童普及宗教知識的啟蒙學校，又是為經堂教育提供學員做準備的初級班。一般招收六七歲兒童入學，教授方法為中國私塾式，隨意性較大，課程分為阿拉伯語和初級宗教知識兩大類。小學部全部課程學完後，凡自願獻身宗教事業且具備條件者，可升入大學部深造。

通常講經堂教育，主要是指大學部的教育，分為基礎課與專業課兩大類。基礎課包括語法學、修辭學、邏輯學三門，都是學習阿拉伯語的工具課，基本上沒有宗教內容。因此，在學習基礎課期間，學員的宗教知識、

操守、修養等，主要透過日常宗教生活的實踐去獲得。專業課包括認主學、教法學、聖訓學、哲學、阿拉伯文學、波斯文法、波斯文學、《可蘭經》等。

　　大學部學習的學生一般稱為「哈里發」（阿拉伯語「學生」的意思）。哈里發學完上述課程後，再經學識淵博的大阿訇考試，本坊鄉老同意，在學識、品德等方面都達到阿訇學位水平時，才能准予畢業，稱為阿訇。因為哈里發畢業時要舉行慶祝儀式，穆斯林和各坊清真寺都要聯名贈送賀幛或穿「官衣」（阿訇學位的代表服。因伊斯蘭教國家早期實行政教合一的制度，阿訇兼任一坊伊斯蘭教法官，故迄今為止有些地區的穆斯林，仍稱阿訇學位標誌服為「官衣」），作為賀禮，表示祝賀其學業告成，承認其阿訇學位。所以現在回族仍稱哈里發畢業為「穿衣掛幛」。

第二節　「以儒詮經」及其翻譯運動

一、「以儒詮經」運動興起的背景

　　唐宋時，回族先民（阿拉伯人、波斯人）來到中國從事商貿或其他交流活動，必須以「舌人」（翻譯）為仲介。元初，回回文字（波斯文）成為官方重要的文字之一，同時也出現了回回文化與漢文化教育的並舉現象。並於稍後在回族內部形成了波斯語 —— 漢語雙語並用狀況。[089] 明洪武元年二月，朱元璋下詔恢復唐式衣冠，禁用「胡服、胡語、胡姓」[090]，回族母語使用受到限制。明朝後期至清朝，由於對外實行閉關鎖國政策，往來中亞或透過海上絲綢之路來華的穆斯林大幅減少，回族語言發展進一

089　邱樹森：《中國回族史》，寧夏人民出版社，1996年。
090　《皇明詔令》卷三十。

第六章　回族的文化教育

步受到限制。一般群眾逐漸喪失了阿拉伯語和波斯語的交流和使用環境。據泉州《丁氏族譜》所記，明朝嘉靖十五年（1536 年），大多數回族人已經看不懂阿拉伯文和波斯文。[091] 清代的《清稗類抄》更有回族「衣服語言，皆與漢同」的記載。[092]

　　從回族自身來說，日益擴大的商業貿易，頻繁的社會生活交往，以及與漢族通婚後和家庭成員的溝通，都需要透過漢語來進行交際。漢語使用量在回回家庭中逐年逐代增長，最終成為回族新的通用語，而曾經作為主導語言的阿拉伯語和波斯語只在宗教生活中，作為一種傳統文化而得以積澱。[093] 這種情況在客觀上已經形成了將伊斯蘭教典籍翻譯成漢語的需要，「以儒詮經」運動應運而生。

　　「以儒詮經」約始於明末清初中國封建社會鼎革之際。當時，歐洲傳教士東來，西學東漸，社會思潮日趨活躍，士大夫們對於新的科學文化知識也樂於接受。同時，明清時期湧現出的大批回族知識分子都覺得有必要對外宣傳伊斯蘭教，讓伊斯蘭教之義理「不特為我教習經者知其蘊奧，即業儒者亦得知其美焉」[094]，從而宣揚他們「聖人之教，東西合、今古一」[095] 的哲學思想。

二、「以儒詮經」的成就

　　江南自宋明以來，是中華文化較發達地區。受中華傳統文化薰陶較深的回族知識分子在這一地區相對集中，他們率先譯經著書，宣揚「儒回互相發明」的主張，振興宗教，使江南成為「以儒詮經」運動的發祥地。明

091　莊景輝編校：《陳埭丁氏回族宗譜》，綠葉教育出版社。
092　徐珂：《清稗類抄》（第十三冊），中華書局，1986 年版。
093　許憲隆：《試論回族形成中的語言問題》，http://www.studa.net/
094　馬德新：《四典要會》，青海人民出版社，1988 年。
095　劉智：《天房典禮》（自序），《回回古文觀止》，寧夏人民出版社，2001 年。

第二節 「以儒詮經」及其翻譯運動

末清初江南「以儒詮經」的代表人物有王岱輿、張中、伍遵契、劉智等人，此外還有雲南的馬注。清中葉以來，回族知識分子掀起了第二次「以儒詮經」運動，中心在雲南，代表人物有馬德新、馬聯元。第一次「以儒詮經」的主要內容是宗教哲學、典制、歷史、人物傳記等。第二次擴大到了天文曆法、語言、文學、地理等，並開始了《可蘭經》的漢譯工作。

清末，回族知識分子的翻譯活動進一步擴大到文學領域，在譯文風格上也有了更高追求。由馬安禮和馬學海合作，按照《詩經三百篇》的體例、韻律，完成了《天方詩經》的漢譯。1890 年，《天方詩經》在馬如龍的資助下在成都刻板問世，成為中國翻譯史上的一座里程碑。馬堅評價說，「阿拉伯詩譯成中國詩，這是破天荒第一遭，這個嘗試是相當成功的，對於後學者是一個鼓舞。這個漢字譯本在巴賽的法文譯本（1894年）和格卜賴里的義大利譯本（1901 年）之前出版，這是值得我們誇耀的。」[096]

經過經堂教育翻譯活動發軔和「以儒詮經」的伊斯蘭教譯著活動，不僅形成了被日本學者桑田六郎在《明末清初的回儒》一文中譽為中國伊斯蘭教的「文藝復興」活動，[097] 更重要的是在中國伊斯蘭教內部形成了宗教宣傳中注重漢譯阿拉伯文和波斯文經籍，以及用漢文從事寫作的漢學派。[098] 可以說，明清時期回族的翻譯活動在弘揚民族宗教信仰和塑造民族文化方面具有奠基性意義。

096　轉引自海正忠《回族學者翻譯家馬安禮》（《中國穆斯林》2004 年第 3 期）。
097　魯忠慧：《日本對中國伊斯蘭教研究概述》，《回族研究》2000 年第 6 期。
098　金宜久：《中國伊斯蘭探祕》，東方出版社，1999 年。

第六章 回族的文化教育

第三節 近代回族的新文化運動

　　從 1850 年代到 20 世紀初，中國處在半殖民地半封建社會時期。回族作為中華民族的一員，遭受著同樣的災難與困苦。與之相應，這一時期回族的文化教育停滯不前，僅以經學教育為主，「阿衡之所倡，民教之所由，厥為寺之教育而已」[099]。基於這種原因，在 20 世紀的民族民主運動中，回族知識分子首先倡導民族文化教育，努力透過文化知識來喚醒民族自強意識。當時的回族知識分子從自己民族內部和中國社會的深層次矛盾中看到了問題的實質，要振興自己的民族，必須普及民族文化教育，進行宗教改良，從而推動全民族政治、經濟的向前發展，這也充分反映了廣大回族人民群眾要求創造新的社會，和全中國各族人民一道共同開拓祖國新天地的根本夙願。在這樣的歷史背景下，回族知識分子從實際出發，掀起了設學校、創團體、辦報刊和派留學生的熱潮。著名學者顧頡剛先生稱此為「近代中國回教徒第一次自覺發動的文化運動」。[100]

一、成立回族文化團體

　　清光緒末年，回族中一些覺醒了的知識分子，聯絡各地有識之士，倡導發展回族文化，在各地相繼成立了數十個回族文化團體。這種文化團體發展迅速，到 1940 年代時竟增加到 70 多個。其中影響較大的團體有東亞清真教育總會、留東清真教育會和中國回教俱進會。

　　童琮（1864-1923 年），江蘇鎮江人。光緒三十二年（1906 年），童琮從日本留學歸來後，在江蘇鎮江發起成立「東亞穆民教育總會」，後又改

099　趙振武：《三十年來之中國回教文化概況》，《禹貢》第 5 卷第 11 期。
100　顧頡剛：《回教的文化運動》，《月華》第 9 卷。

稱「東亞清真教育總會」，目的就是為中國全體回族謀求普及教育。「總會」會員達 50 多人，多為熱心於回族教育事業的鄉賢、商人和知識分子。他們呼籲各方人士贊助本地的回族教育，積極創辦學校，推行新式教育，開回族教育團體之先河。[101]

1907 年，在日本留學的中國回族學生創立了「留東清真教育會」。會員是來自中國 14 個省、市的 36 位回族學生。教育會以提倡教育普及、宗教改良為宗旨，進行教育宣傳。

王寬（1848-1919 年），字浩然，經名阿布杜·拉合曼，北京人。1911 年，以王浩然為代表的歸國留學生和國內的一些回族知識分子，在北京成立了「中國回教俱進會」，並在各地相繼成立分會。目的在於聯絡各地回族進步力量，推動全民族新式教育的發展，促進回漢民族團結。王浩然在《中國回教俱進會本部通告》序中寫到，「世界大勢非注重教育，不足以圖存。遂即提倡興學」[102]。

二、出版報刊，提倡新式教育，傳播新文化

隨著中國報刊業的發展，回族報刊也如雨後春筍一般相繼出現。自光緒末年造成 1940 年代，有關倡導新文化的刊物竟多達 70 多種，其中多數為回族知識分子所創辦。

◇ 《竹園白話報》和《正宗愛國報》：由天津回族丁竹園、丁寶臣兄弟創辦，兩報以犀利的筆鋒，大膽地揭露當時的黑暗社會。報刊除了倡導發展文化教育外，還鼓勵回族青年開闊視野，積極進取，把國家的命運同自己的命運連繫在一起，同各族人民一道，團結互助，不但要

101　張偉達、王美秀、楊廷久、李革：《世界現代前期宗教史》，中國國際廣播出版社，1996 年。

102　轉引自白壽彝《中國回回民族史（附錄）》（中華書局出版，2007 年）。

拯救自己的民族，而且還要振興自己的國家。

◇《醒回篇》：1908 年，由留學日本的回族學生在日本創辦。它是回族歷史上最早的刊物。它雖只出了一期，但它在近代回族文化史上造成了「號角」的作用。

◇《月華》：1927 年 1 月創刊，由馬福祥、唐柯三、馬松亭等人在北京創辦。其內容主要是宣傳回民教育和伊斯蘭教義，但也廣涉其他學科，如史乘、文藝、回民概況等內容。該刊初為旬刊，1947 年後改為月刊。《月華》是當時各回族刊物中影響最大、歷時最久的刊物，不但在中國頗有影響，也曾行銷國外十幾個國家。

◇《伊斯蘭婦女雜誌》：1936 年創刊，由上海伊斯蘭婦女協會何玉芬、陳雲彩等創辦，倡導「給予回教婦女以一種新的認識，並打破歷來婦女所受一切束縛」[103]。該刊是回族歷史上第一份婦女雜誌，代表著回族婦女的覺醒。

除此之外，較有影響的還有《突崛》、《成師校刊》、《伊光》、《伊斯蘭青年》等。這些刊物的創辦，不僅帶有學術研究的性質，而且豐富了回族文化生活，推動了回族文化運動的廣泛開展。

三、海外留學深造，求取新知識

自清末開始，回族知識分子開始競相出國留學。起初，不少人東渡日本，僅「留東清真教育會」的會員就達 36 名。同時，大部分回族知識分子赴埃及或土耳其等國求學深造。隨後出現了由回族學校直接派遣的留學生團，前後共四屆。所派學生基本上都是上海伊斯蘭回文師範學校、雲南明德中學和北平成達師範學校的優秀學生。這些回族留學生增進了回族乃

103　《上海民族志》編纂委員會：《上海民族志》，上海社會科學院出版社，1997 年。

至中國同西亞、北非伊斯蘭國家之間的友誼，加強了雙方文化的交流，推動了回族文化運動的發展。

四、近代回族的教育

近代以來，海外留學的回族知識分子深感傳統的、以宗教為主要內容的回族教育，已不能適應不斷發展的新社會，只有推行新式教育，普及回族的社會文化教育，才能實現民族的振興。在這種思想的指導下，回族知識分子興起了一股辦校熱潮。

◇ 回教師範學堂。1907 年，王浩然從土耳其等國考察教育回國後，和王友三、達浦生等人在北京設立了回教師範學堂，校址在北京牛街禮拜寺內。學校除講授伊斯蘭教經文外，還特設各門自然和社會學科，成為中國回族新式學校的開山之作。第二年，馬鄰翼等人又在北京設立京師公立清真第一高等小學校。隨著這兩個學校在北京的設立和新式教育制度的推行，各地的回族學校也普遍出現。

◇ 成達師範學校。1925 年，馬松亭、唐柯三等人聯絡濟南的一些回族知識分子，以「造就健全師資，啟發回民智識，闡揚回教文化為宗旨」[104]，在濟南設立了回教師範學校。學校定名為「成達」，即取成德達才之意。[105]1929 年，學校遷到北京。該校除設阿語經典課程外，還增設了歷史、地理、漢文文法、法學等現代學科。經過十幾年的努力，造就了一大批回族知識分子。畢業生有的派往埃及等國留學深造，有的派往陝、甘、新等回族聚居的西北地區，從事回族教育工作，取得了很大的社會效果。

104　馬松亭：《中國回教與成達師範學校》，《禹貢》1936 年第五卷 11 期。
105　李興華、馮今源編：《中國伊斯蘭教史參考資料選編》，寧夏人民出版社，1985 年。

第六章　回族的文化教育

◇　西北地區的近代新式回族教育。西北地區的新式回族教育主要是在民族覺醒及群眾支持下，由地方回族軍政人物、回族實業家、社會賢達與宗教界人士倡導興起的。其中代表人物有馬福祥和馬鄰翼等。

西北新式回民教育興起後，建立了許多新型回民學校，為地區現代教育發展做出了很大貢獻。其中影響較大的有 1918 年馬福祥出資在寧夏府城（今銀川）創辦的蒙回師範學校；青海寧海回教促進會 1931 年設立的青海省回教促進會附設初級中學（簡稱「崑崙中學」）以及蘭州西北中學。其中以西北中學最富代表性。

七七事變後，北平西北中學校長孫繩武聯絡蘭州回族知名人士馬煥文、拜偉、丁正熙等於 1938 年在蘭州創辦西北中學。該校初名北平私立中學蘭州分校，秉承西北中學辦學宗旨，主要招收回族學生，也兼收漢族和藏族學生，教師則回漢兼用，主要課程由漢族優秀教師擔任。學校設有清真食堂，除教育部所定課程外，每週增設一二節阿文和伊斯蘭教教義課程，每星期五由阿文教師率回族學生去附近清真寺禮主麻，學校經費主要依靠回族各界捐贈支持，成為培養甘肅回族人才的重要基地。西北中學從 1938 年建校到 1949 年蘭州解放總計畢業學生 645 人，其中回族學生約 150 餘人，為甘肅回族及其他民族教育作出了相當貢獻。[106]

此外，西北還興起了一類由宗教團體創辦的回族新式學校。如甘肅省張家川阿陽小學，是由哲赫林耶北山派宗教上層人物與當地紳士所辦；張家川南後街回民小學是由哲赫林耶北山派教權繼承人馬重雍所辦。西道堂自 20 世紀 20 年代以來，先後興辦了臨潭普慈小學校、臨潭舊城私立第四高級小學校、臨潭舊城私立啟西女子小學校，籌建了私立啟西中學。嘎的

106　馬汝鄰：《記蘭州西北中學》，《甘肅文史資料選輯》第 8 輯。

林耶大拱北門宦創辦了全日製的臨夏大拱北學校；穆扶提門宦創辦了廷養學校（後改為道家學校）等。其中私立啟西女子小學校是西北穆斯林的第一所女子學校，在回族歷史和回族教育史上都有重要的里程碑意義。

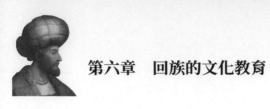

第六章　回族的文化教育

第七章　回族的科學技術

第七章　回族的科學技術

　　科學指一種系統化、理論化的世界觀和知識體系，而技術指具體的可以轉化為生產力的知識和技能。科學技術是人類在探索自然界過程中逐漸累積和發展起來的，屬於廣義上的物質與技術文化的範疇。回族的先民們在繼承阿拉伯、波斯科技文化的基礎上，積極學習和吸收中華科技文化，發展本民族的科技事業，對促進中華科技文化的發展做出了傑出的貢獻。

第一節　回回天文學

　　回回天文學，指起源於阿拉伯、波斯的天文學，或稱伊斯蘭天文學。伊斯蘭天文學是在繼承古代希臘 - 羅馬、波斯以及印度天文學的基礎上建立起來的。當伊斯蘭天文學自成體系後，它又影響和推動了世界其他地區的文明進程。而在這一過程中，回族天文學在伊斯蘭天文學和中華天文學知識的共同滋養下，得到了迅速發展，極大地豐富了中國的天文學。

　　在中國古代，天文學一般稱「天學」，一直被天子所壟斷，天學機構及其直接象徵——「靈台」（即觀象台，類似於現代的天文台）也為皇家獨占，其他任何地方政權或個人都不能建立，否則就是「犯上作亂」的行為。與現代社會天文學家的身分截然不同，古代皇家天文學機構的負責人及其屬吏都是政府官員，天文學機構則是中央政府的一個部門，通常在地方上沒有常設的下屬機構和人員。

一、唐宋時期的回回天文學

　　唐代，隨著中阿文化交流的加深，以伊斯蘭天文知識為基礎而制定的「回回曆法」也隨之傳入中國。唐代出現了一種《九執曆》。「該曆度

法六十，周天三百六十度，無餘分。」[107] 而當時中國傳統曆法則以周天為三百六十五度。清代《歷代職官表》明確指出，《九執曆》是中國「回回星學」之始。[108] 可以說，《九執曆》是唐代來華的穆斯林對中國天文曆學的最初貢獻。宋代，隨著來華穆斯林「蕃客」長期留居和身分的置換，伊斯蘭天文學開始逐步影響中華天文學。據回族《懷寧馬氏族譜》記載，北宋太祖建隆二年（961 年），精通西域曆法的盧眉國人（塞爾杜帝國附庸羅姆國，宋代稱「盧眉國」，今歸屬土耳其）馬依澤「應召入中國，修天文」[109]，參與了由司天少監王處訥主持的《應天曆》的編撰工作。《應天曆》在中國歷史上首次引進了阿拉伯星期制度，宋人曾公亮《武經總要》第一次記載了黃道十二宮（即今天我們熟悉的 12 星座：白羊、金牛、雙子、巨蟹、獅子、處女、天秤、天蠍、人馬、摩羯、寶瓶、雙魚）日期，這些都可能與馬依澤父子來華從事天文工作有關。[110]《應天曆》編成並奉詔頒行後，馬依澤及其子馬額、馬懷等留居中國，並長期在宋朝的「司天監」（天文台）擔任重要職務。馬依澤的三兒子馬憶在軍隊中任職，常將占星術應用到軍事活動中。

二、元代的回回天文學

蒙古帝國及元代時期，成吉思汗及其子孫建立起了橫跨歐亞大陸的大帝國，加速了不同文明之間的交流。元代是穆斯林在中國天文曆算方面作出貢獻最重大的時期。元朝統治者對伊斯蘭天文學非常重視。世祖忽必烈時代是中國天文學與伊斯蘭天文學交流的高峰時期，忽必烈早在繼位之前

107　[宋] 歐陽修：《新唐書》，中華書局，2003 年。
108　[清] 黃本驥：《歷代職官表》，上海古籍出版社，2005 年。
109　轉引自馬自樹、馬肇曾《馬依澤與宋初，應天曆及主要後人》（《東南文化》1996 年第 2 期）。
110　[宋] 曾公亮：《武經總要》，台灣商務印書館，1986 年影印本。

第七章　回族的科學技術

就任用了以札馬魯丁為代表的一批回回天文學家。至元八年（1271年）設置回回司天台，秩從五品。仁宗皇慶元年（1312年），改為回回司天監，秩升為正四品。延祐元年（1314年），回回司天監秩再升為正三品，並於四月設立回回國子監。從《元史·百官志》中可以了解到，回回司天監共有37人編制，其中監丞以上的負責人有8人，分天文、曆算、三式、測驗、漏刻等五科。札馬魯丁、愛薛、可馬剌丁、苫思丁、瞻思丁等一批天文學家先後在這裡任職，[111] 為中國天文曆算的完善和發展做出了巨大的貢獻。

元代穆斯林天文學家對中華天文學的貢獻主要有兩點。一、他們將大批的「回回書籍」和天文儀器從西域帶到中國。這些書籍主要是用阿拉伯文或波斯文書寫的，內容廣泛，其中尤以天文、數學等科技圖書為多。至元四年（1267年），札馬魯丁進獻了自己製作的七種天文儀器：渾天儀、方位儀、斜緯儀、平緯儀、天球儀、地球儀、觀象儀等。當時，這些儀器在全世界都極為罕見，其原名音譯、意譯、形制及用途等皆載於《元史·天文志》，曾引起中外學者極大的研究興趣。這些書籍和儀器進一步推動了元代中國天文學的發展。二、元代回回編修了較完善的曆法。他們修訂的曆法主要有兩種：元代第一次正式頒用的，是札馬魯丁依照阿拉伯曆法編制的《萬年曆》，在中國通用了14年。比《萬年曆》稍後的還有一種《回回曆》，它實際上就是各國穆斯林通用的阿拉伯太陰曆，即迄今一直使用著的伊斯蘭曆。僅元文宗天曆元年（1328年）官府印刷出售的《回回曆》就達5257冊之多，可見該曆在當時的流傳情況。郭守敬編制《授時曆》時，也曾參用了回回曆法，穆斯林傳入中國的《積尺諸家曆》（48部）、《速瓦裡可瓦乞必星纂》（4部）、《海牙別群曆法段數》（7部）等天文書，也都成為郭守敬的重要參考資料。[112]

111　[明]宋濂、王濂：《元史》，中華書局點校本，1976年。

112　轉引自喇敏智主編《回族對偉大祖國的貢獻》（甘肅民族出版社，2006年）。

三、明清以來的回回天文學

　　在明朝近 300 年的統治中，對回回天文學同樣給予了充分的肯定和重視。首先，明政府為回回天算家設立了專門的天文機構。洪武元年（1368年），在司天監外又置回回司天監。洪武三年（1370年）六月，改名為回回欽天監，下設天文科、漏刻科、大統曆科、回回曆科四科。此後不久，又在南京的雨花台建成回回觀星台，作為回回欽天監天文工作的附設機構。這種天文機構的設置直至明終。其次，明政府錄用了大批的回回天算人才。洪武二年（1369年）夏四月，徵元回回司天台官鄭阿里等 11 人，至京議曆法、占天象。著名回族學者王岱輿的祖先，因精於天文曆算，洪武中授為欽天監，子孫世受其職。第三，明代回回天文學者工作的重要性和科學性比元代強化了。明代編訂《大統曆》，同樣有回回科學家黑的兒、鄭阿里等人參加。到後來，由於《大統曆》的某些不足，明政府乾脆又將《回回曆》併入《大統曆》，參照使用長達 270 餘年。回族對明代天文事業的又一貢獻是回漢學者對回回天文曆法典籍的翻譯介紹工作。洪武十五年（1382年）八月，朱元璋稱讚「西域推測天象最精，其五星緯度又中國所無」[113]，令回回太師馬沙亦黑、馬哈麻等人翻譯洪武初年得之於元都的《回回曆》等書籍。翌年（1383年）五月，《回回天文經》譯成，吳伯宗、馬沙亦黑分別為此書作序，而馬沙亦黑等人也因翻譯了這批珍貴的阿拉伯文書籍，被皇帝譽為「不朽之智人」[114]。正是在他們的努力下，明朝人對伊斯蘭曆法有了全面的、整體的認識。1475 年左右，貝琳整理所譯回回天文曆算典籍，編纂成《七政推步》一書，成為中國古代系統介紹伊

113　《明史》卷三。

114　喇敏智主編：《回族對偉大祖國的貢獻》，甘肅民族出版社，2006 年。

斯蘭天文學的唯一一部重要著作。[115]

至清代，回回天文學在特殊的時代背景下，逐漸黯淡下來。清軍入關之初，還設欽天監，內分天文、時憲、漏刻、回回曆等四科，可知「回回曆」仍在發揮一定的作用。康熙八年（1669年），最後一任回族欽天監官員楊光先罷職，清朝廢除回回科，專用西洋法。從此，回回曆法自元朝起在中國官方使用的歷史，便永久地被畫上了句號。

20世紀以後，丁子瑜、馬以愚、黃明之、胡繼勒、馬復初、馬堅等回族穆斯林學者又著述了《尋月指南》、《回回曆》、《天方曆源》、《環宇述要》、《伊斯蘭曆源詳解》、《回曆綱要》等眾多的天文曆法著作，這些著作的問世，是新的歷史時期回族穆斯林對中國天文曆法史做出的重大成績。

第二節　回回醫學

回族醫藥作為中國傳統醫藥的重要組成部分，其發展經歷了曲折的歷程。在理論、學科、藥物、炮製方法、民間療法、驗方、體療、食療及衛生保健方面，回族醫藥都具有較鮮明的民族特色。

一、回回四大藥方

《海藥本草》

唐末五代時文學家、本草學家李珣所撰著的《海藥本草》原書共6卷，至南宋末年已經亡佚，沒有刻本流傳。但其所敘述的藥物散見於《證類本草》和《本草綱目》等書中。現代著名醫史學家範行準輯得《海藥本

115　江曉原、鈕衛星：《中國天文學史》，上海人民出版社，2005年。

草》一本，共輯藥物 124 種。李珣和他的著作《海藥本草》豐富了中國藥物學，是回族醫學的重要基礎與典籍。

《回回藥方》

產生於明代前期，該書是多種波斯、中亞、阿拉伯醫書、方劑的編輯譯註本，原書共 36 卷，現僅存 4 卷明代抄本的殘本，藏於北京圖書館。書中載有 580 餘方劑，其中還有古希臘哲學家亞里士多德開給亞歷山大大帝的方劑。書中載有數百種產白波斯、中亞地區、阿拉伯、希臘、羅馬以及印度、中國的藥物。《回回藥方》原書未具名，但從全書內容看，很可能是多人合著。其中內容很多出自波斯著名醫學家伊本・西拿的《醫典》之中。

《瑞竹堂經驗方》

明代中葉後原著在國內已失傳，但書中許多內容卻散見於國內外許多醫藥文獻，其原序兩則及明清兩代若干輯佚和抄本，分別在中國和日本有關部門和私家珍藏，作者及成書年代國內外專家爭論不一，清乾隆年間修纂的《四庫全書》將明代《永樂大典》中散存的《瑞竹堂經驗方》內容搜採編輯為 5 卷 24 門，集得內、外、婦、兒、眼、齒、調補、美容等科驗方 170 餘首。作者沙圖穆蘇・薩謙齋。陳垣在《勵耕書屋叢刊・元西域人華化考》中將本書作者考證為「華化」了的回回。[116] 書中記載的懸吊水桶淋浴方式是回族自古以來獨特的衛生傳統習慣，另有治急氣疼方、治惡瘡方、治療瘡方在其方名上標有「天方」等字樣，有的驗方特別強調忌馬、驢、豬肉等。

116　陳垣：《元西域人華化考》，上海古籍出版社，2008 年。

第七章　回族的科學技術

《飲膳正要》

該書是中國第一部營養學專著，成書於元代天曆三年（1330 年）。從序文和進書表來看，作者忽思慧（又作和斯輝）是仁宗時的宮廷回回飲膳太醫。書中配方多以羊肉為主料，多引用回回豆子、回回蔥、回回青、回回小油。書中還附有許多插圖，如每種食物的性狀，對身體有什麼好處，能治什麼疾病等，都一一加以說明。書中還提倡講究個人衛生和心理健康，如對飯後漱口、早晚刷牙、晚上洗腳、薄滋味、戒暴怒等都有論述。

二、回回醫藥機構、醫藥及名人

元明清以來，政府都設有回回太醫院。至元七年（1270 年），元政府在大都設有「廣惠司」，專職「修制御用回回藥物及和劑」，為諸宿衛士治病。至元二十九年（1292 年），又設「回回藥物院」和「掌回回藥事」機構，可見回回醫藥影響之大。

民間診所也相繼開辦，明代，北京菜市口附近的「鶴年堂藥鋪」，自己製藥，主要有丸散製劑，這種藥直到清末仍名揚海內外。明代還有有名的「王回回膏藥」、「馬思遠藥錠」等等。另外，著名的民間診所還有北京「鶴年堂」、雲南「萬松草堂」、四川「伍舒芳草堂」等。還有近代的著名回族學者和醫生丁竹園，主持和創辦了中醫研究會，使回回醫藥學的影響一直持續到當代。

在回族醫學中，還產生了許多醫藥名品，白敬宇眼藥就是其中之一。元代醫家白敬宇，借鑑中西亞醫學，創製了白敬宇眼藥。其後人繼承他的事業，於明朝永樂年間開設了白敬宇眼藥鋪。1905 年之後，白敬宇第 16 世孫白澤民繼承祖業，生產的藥品不僅在中國享譽四方，而且還獲得巴拿馬萬國博覽會金質獎章。

在回回醫藥學豐厚遺產的基礎上，當代也產生了不少回族醫藥專家。出生於河北保定中醫世家的哈荔田（1911-1989 年），早年師從國醫泰施今墨，1930 ～ 1940 年代便享譽津門，在中醫診治和理論研究上造詣頗深，尤擅長婦科，他提出了「氣血動靜」的理論，豐富了中醫學理論。中華人民共和國成立後，哈荔田創立了天津首家公立聯合診所，又參與創建天津中醫學院，為教育和培養中醫人才、弘揚中華傳統醫學付出了畢生辛勞。安迪光，1929 年生於河北保定，是致力於挖掘回族醫藥學傳統的當代著名醫生之一。他對中醫的哲學理論及回族醫學進行了深入研究，主張一體多元化的中國傳統醫學，認為回回醫學是消化吸收、繼承古希臘醫學主要內容的阿拉伯醫學與古代中醫學的融合，是東西合璧的產物。

回族的醫藥文化是繼承了古代阿拉伯豐富的醫學知識並與中華傳統藥學完美結合的產物。它不僅有著科學的醫學理論基礎，也有豐富的臨床治療實踐經驗，至今仍對中國人民的健康和中華醫藥學的發展做著獨特的貢獻。

第三節　　先進的回回軍事技術

回族先民對中華民族軍事學方面的貢獻發軔於元代。隨著蒙古西征，大量的回族先民以軍士、工匠、商人、學者等各種身分進入中華大地；同時，元代蒙古軍隊史無前例的征戰也為回族先民所掌握的軍事技術提供了用武之地。回族先民在軍事學方面最傑出的貢獻在於兵器製造，突出地表現在造炮技術上。蒙古騎兵之所以無敵於天下，除了刀槍，還有「回回炮」和弓箭。在回回巨炮這種超大型投石機投出的巨型彈丸面前，再堅固的城牆和堡壘也能摧毀。《元史·阿老瓦丁傳》記載，這種「巨炮聲震天

地，所擊無不摧陷，入地七尺」[117]。

　　至元初年（1263 年），世祖大舉伐宋，在襄陽、樊城遭到宋軍頑強抵抗。襄樊戰役始於至元五年（1268 年），元軍圍城 5 年，卻始終未能攻克。至元九年十一月，阿老瓦丁、亦思馬因製成回回炮，並於次年正月炮攻樊城，一舉告捷。接著，又靠回回炮射程遠、威力大和命中率高的特點，一舉結束了相持 5 年之久的襄陽戰役。由於回回炮在當時戰爭中無與倫比的作用，元政府對回回炮手和軍匠的訓練、組織、管理極為重視。在攻破襄陽的第二年，設立了回回炮手總管府。至元八年（1281 年），設置回回炮手都元帥府。至元二十二年（1285 年），改都元帥府為回回炮手軍匠上萬戶府，秩為正三品。至治三年（1323 年），派遣回回炮赴河南汝寧、新蔡等地教習炮法。至治八年（1328 年），亦不剌金奉令率所部回回炮手軍匠至京師，與馬哈木沙的回回炮手軍匠上萬戶府合併，共同監造回回炮。這些事實充分說明，元代回回炮手軍匠數目可觀，規模龐大，在大都（北京）、南京（開封）、江南，到處都有回回炮手軍匠的記錄。他們以高超的制炮技術和實踐，填補了當時中國兵器史上的一項空白。

　　明朝時，回回兵器工匠不斷吸收新的技術和材料改進兵器製造技術。崇禎年間，纂修曆法的回回儒士楊志國與工匠陳萬全一起研製了一種新式火器及戰車，史載「所造火器中，則飛簾葦為矢，體輕及遠，且能陷堅，一人背負而發之，一發四十九支……鑽眼封喉，人馬俱斃」[118]，具有連珠火槍威力，就當時而言，無疑是一種先進的輕型火器。明朝末年，回族工匠已經實現了從石炮向火炮製造技術的轉換，他們製造的火炮、戰車等兵器，技術精良，威力強大，有力地促進了中國兵器製造技術的發展。

117　[明] 宋濂、王濂：《元史》，中華書局點校本，1976 年。
118　《元史·方技·附工藝傳》。

在近現代史上，回族科技人才繼續發揚兵器製造方面的優良傳統，從當時救亡圖存、反抗帝國主義的中國國情出發，發展兵器製造工業，湧現出了丁拱辰、劉慶恩等一批愛國兵器製造專家。

丁拱辰（1800-1875 年），又名君珍，字淑原，號星南，福建晉江縣（今泉州）人，元代著名政治家賽典赤·瞻思丁的後裔，清代兵器製造家。丁拱辰經歷過鴉片戰爭，深刻感受到振興軍事工業對國家獨立和民族解放的重大意義，他棄商從事兵器研究，編著了《演炮圖說》、《演炮圖說後編》、《增補則克錄》、《西洋軍人圖編》等軍事著作，並親自領導鑄炮 40 門，成為中國近代史上第一位兵器製造專家。

劉慶恩是中國又一位著名的兵器製造家，中國現代兵工學的開創者之一。劉慶恩（1869-1929 年），字國臣，原籍廣東潮州，生於四川德陽。參加過劉永福領導的抵抗法國侵略者的戰爭，還參加過辛亥革命，並受孫中山先生的派遣，到德國學習制炮、用炮技術。回國後，他一直領導兵器研究工作，終於在 1915 年研製成功了中國第一支自動步槍，後來還研製成大砲等多種新式武器，為中國兵器工業的發展作出了重要貢獻。[119]

第四節　領先的回回航海技術

早在唐代和宋元時期，部分回族先民就漂洋過海，來到華夏大地。《新唐書》和《舊唐書》中「西域舶」、「西來夷舶」、「蠻舶」、「蕃舶」等名稱屢見不鮮。唐宋時，市舶司多由朝廷任命。到了元代，市舶司的職務也啟用回回人擔任，這在歷史上是一個很大的轉變。元世祖招降並重用南宋泉州提舉市舶司阿拉伯人後裔蒲壽庚，並設置海外諸藩宣慰使與市舶

119　喇敏智主編：《回族對偉大祖國的貢獻》，甘肅民族出版社，2006 年。

第七章　回族的科學技術

使。蒲壽庚父子掌管海外市舶貿易 30 年。元朝政府除在廣州、泉州設置市舶司外，又在杭州、澉浦（今海鹽）、溫州、慶元（今寧波）等海港城市先後增設市舶司，管理海外貿易。其中擔任市舶司提舉的回回人除了蒲壽庚父子，還有馬合謀、沙的、瞻思丁、木八剌沙、哈散、倒剌沙、八都魯丁、亦思馬因、暗都剌、忽都魯沙等。在這些市舶司回回提舉們長期的努力經營下，中國的海上貿易和航海業在當時舉世聞名。

要征服海洋，不僅要有能夠揚帆萬里的大船，更重要的是要具備先進的航海技術。元代的回回人傳承著唐宋時代阿拉伯人的航海技術。《元祕書監志》記載，航海的回回們掌握有「回回文」（阿拉伯文）的「回回針經」，即「海盜針經」，或可稱為航海指南。[120] 福建泉州負責蒐集回回針經方面的書，並上報朝廷。這說明元代回回人有著較高水準的航海技術。明代，航海者已經非常準確地掌握了季風的規律，並利用風向更換規律進行航海。在定向、定位技術上，除了應用指南針外，元、明時人們已經較熟練地掌握了航海天文學，並應用牽星術來觀測船舶的方位。所謂牽星術，就是以「星高低為準」，透過測量方位星的高低位置，來計算船舶與陸地的距離遠近和方向，從而確定船舶的位置和航向。此外，航海者還掌握了深水測量技術，可以測水深 70 丈（約 233 公尺）以上。在這些航海技術中，無疑有回回人的貢獻。因為早在唐宋時代，阿拉伯人就掌握了先進的航海技術，擁有精確的海程記載。明代時期，征服海洋的重任又歷史性地落在了回回人肩上，這就是舉世聞名的鄭和下西洋，這是人類歷史上第一次由國家組織的大規模駛向遠洋的空前壯舉。其航海規模之大，航行船隻和人數之多、足跡之廣，堪稱世界遠洋航海的千古絕唱（詳見第十三章）。

120　[元] 王士點，商企翁撰：《祕書監志》，台灣商務印書館，1986 年影印本。

第五節　現代回族院士和科學家

院士是國家設立的科技和工程方面的最高學術稱號,受到社會各界的尊重。今天中國的兩院院士中,回族院士成員是所有少數民族中最多的。以蔣錫夔為首的四位回族科學家憑藉已取得的科學成就獲得了「院士」的稱號,他們的成就不僅僅是個人對中國科技發展的貢獻,也代表著回族對當代中國科技發展的貢獻。

一、國家自然科學一等獎獲得者 —— 回族院士蔣錫夔

2003 年 2 月 28 日,2002 年度國家科技獎勵大會在北京人民大會堂舉行,而最引人注目的是,在連續空缺四屆後,國家自然科學獎的一等獎終於打破沉寂,中國科學院上海有機化學研究所的蔣錫夔院士摘取了這項桂冠。

蔣錫夔院士,祖籍南京,出生於回族世家。蔣錫夔的父親蔣國榜,是當時著名的「回儒」,也是一位愛國者,抗戰時曾率家人及親友縫製棉衣棉被支援松滬前線,並在上海慷慨辦義學、資助孤兒和建造公墓殯舍等。1948 年,蔣錫夔以上海聖約翰大學化學系特等榮譽學士的身分,赴美國華盛頓大學深造。1952 年,他在美國華盛頓大學獲得有機化學博士學位後,被世界一流的凱洛格公司聘為研究員,研製成功了一種新型的化合物 —— 磺內醋,獲得美國專利,引起國際化學界的轟動。1955 年,在中國政府努力下,蔣錫夔和錢學森、趙忠堯、師昌緒等,成為中華人民共和國成立後第一批毅然歸國的科學家。回國後,蔣錫夔領導科學團隊,在極端艱苦的條件下成功合成了飛機與導彈必需的材料 —— 航天氟橡膠和氟塑料,獲得國家發明獎和國家科委重大科技成果獎。1982 年,由於有機多

117

氟化學和自由基化學的研究取得的成就，蔣錫夔獲得了國家自然科學三等獎。1999 年和 2001 年，蔣錫夔和他的同事的研究成果兩次獲得中科院自然科學一等獎。經過多年默默無聞的基礎研究，蔣錫夔院士終於在 2002 年以「物理有機化學前沿領域的兩個重要方面 —— 有機分子簇集和自由基化學的研究」，獲得了中國自然科學領域最高獎 —— 國家自然科學一等獎。

二、其他回族院士和科學家

劉廣均，天津人，生於 1929 年，中國科學院院士，曾任國營五零四廠總工程師兼副廠長，核工業理化工程研究院總工程師，核工業理化工程研究院高級顧問，清華大學工程物理系兼職教授、博士生導師，同位素分離專家。從中學時，劉廣均就對原子知識產生了極大的興趣。1948 年，家境並不好的劉廣均毅然決然地報考了不太容易找事做的基礎科學物理學，並於 1952 年畢業於清華大學物理系。1956 年至 1958 年，他在莫斯科動力學院進修同位素分離專業。劉廣均院士長期從事同位素分離研究工作，曾負責專用設備規模研製、生產的技術工作，參與並組織多項重大技術革新，特別是在專業設備技術改造和提高生產效率的工作上，使生產能力和經濟效益大大提高，獲 1985 年國家科技進步一等獎。他是國家「七五」重點攻關項目專用設備研製的技術總負責人，透過總結設備研製的六大環節，曾大大推動了專用設備研製進程。在分離理論研究方面，提出了專用設備最佳運行條件的三種判據，闡明了濃度干擾在專用設備運行中的傳播規律，對實際運行有重要的意義。在氣體分子運動論方面，提出了建立玻爾茲曼方程的模型方程的一種新的方法，推導出輕微稀薄氣體中的墒增量公式，多篇論文發表於美國《流體物理》雜誌，受到國際同行的重視。

第五節　現代回族院士和科學家

　　王士雯，山東人，1933 年生，中國工程院院士，中國著名的心臟病學和老年醫學專家，為發展中國的醫學事業做出了突出貢獻。從醫近 50 年來，王士雯參加過黨、國家和軍隊領導人的保健工作，獲得中央保健委員會頒發的「特別貢獻獎」。她曾創下救治 482 例心血管病人而死亡率為零的成績；治療過 3,000 餘名（例）老年急性心肌梗塞患者，並獲得成功，成為醫學史上的奇蹟。她率先提出了老年多器官衰竭理論，使中國老年多器官衰竭症候群的臨床救治成活率由原來的 29% 提高到現在的 59%。她先後獲國家科技進步獎、軍隊科技進步獎等 10 餘項獎，並培養了大批醫學人才。還被評為「巾幗建功」標兵、全軍婦女先進個人、全軍優秀教師，榮立過一等功、二等功、三等功。她是回族女性的傑出代表，也是整個中國科技領域的傑出女性之一。

　　宋天虎，1940 年 8 月出生，河北省河間縣人。1963 年畢業於天津大學機械系銲接專業，教授級高工、國家有突出貢獻的中青年專家。宋天虎研究員是中國銲接行業發展的帶頭人，多年從事銲接工藝、材料及裝備研究和科技管理，在銲接生產過程機械化與自動化和水下銲接等方面有精深的研究。參與的研究項目曾獲得機械部科技進步一等獎，國家科技進步二等獎，國家經委石油設備優秀科技成果二等獎，中國科學大會獎等獎項。他長期致力於中國銲接行業的研究工作，在主持銲接學會工作中，勇於開創，為銲接學會的發展奠定了良好基礎。2007 年，「第十二次全國銲接學術會議暨中國機械工程學會銲接學會成立 45 週年紀念大會」上被中國機械中國工程學會授予「中國銲接終身成就獎」。

　　展濤，1963 年 4 月出生，山東兗州人，理學博士，教授，博士生導師。展濤是中國數論界優秀的年輕學術帶頭人。數論是中國科學研究率先達到國際領先地位的少數幾個領域之一。展濤師從「中國數論學派」代表

第七章　回族的科學技術

人之一的潘承洞院士學習數論專業，僅 24 歲就獲得了博士學位。在老一輩數學家的關懷培養下，他經過個人堅韌不拔的努力，在數論中著名經典問題「素變數三角和估計」、「算術級數中的均值定理」和「哥德巴赫型」問題研究中，創造性地綜合運用中國數論學者的傳統技巧和現代數學方法，取得了一系列重要的學術成果，受到國內外同行的關注和高度評價。1995 年，32 歲的展濤出任原山東大學副校長，成為當代中國最年輕的大學校長。

第八章　回族文學與藝術

第八章　回族文學與藝術

　　回族文學是回族人民在長期的生產生活實踐中創造出來的口頭或書面的文學作品，是回族人民心血的結晶。早在五代時期，回回先民就開始了文學創作活動，到了元、明、清時期，則湧現了一大批回族詩人和文學家，他們以漢語為創作載體，創作了許多不朽的文學作品，成為中國文學史上不可缺少的部分。

第一節　元、明、清時期的回族文學家及其成就

　　唐五代的李珣是有作品傳世的最早的回回文學家。李珣（約 855-930 年），字德潤，祖籍波斯，也稱「李波斯」，生於四川梓州。擅長詩詞，精通醫學，著有《瓊瑤集》（今已佚）。《花間集》、《樽前集》中共存錄其作品 50 餘首，為唐五代重要的、有代表性的詞人之一。《歷代詞人考略》認為他「以清疏之筆，下開北宋人體格」[121]。他的妹妹李舜，也是五代時期著名的女詞人，有作品傳世。

　　元代是回回民族的形成期，也是回族文學的形成期。回回作家異軍突起，「各逞才華，標奇競秀，亦可謂極一時之盛者」[122]。元代回族作家文學的主要創作形式是詩歌和散曲。其中代表人物有薩都剌和馬九皋。

　　薩都剌（約 1308- ？），字天錫，號直齋，答失蠻氏。薩都剌以他豐厚的詩作，過人的才思，剛柔相濟的風格獨占元代文學的鰲頭。薩都剌的詩在元代有著極高的聲響，在元詩由宋返唐的進程中，薩都剌發揮了巨大的作用，對後世產生了深遠的影響。他的詩作真實生動地反映了當時的社會生活和民間疾苦，被稱為一代「詩史」。他的詞「清而不俳，麗而不

121　況周頤：《歷代詞人考略》，中州古籍出版社，2008 年。
122　[清] 顧嗣：《元詩選》，中華書局，1987 年。

縟，真能於袁、趙、虞、楊之外，別開生面者也。」[123] 薩都剌主要作品有《雁門集》。

馬九皋，字昂夫，又名「薛超吾」或「薛超吾兒」，祖籍西域（今新疆），江蘇南京人。青年時曾拜漢學家劉辰翁為師，研習中國詩歌創作。曾在元代做過京官和地方官。以散曲名顯一時，與元代戲曲家馬致遠齊名，合稱「二馬」。傳世有小令和套曲 60 餘首，內容豐富，風格豪放詼諧。有《九皋詩集》、《太平樂府》等著作存世。

明代，回族知識分子隨著對漢文化的進一步學習，「回而兼儒」的人物不斷增加，在文學領域也出現了以丁鶴年為代表的詩詞人家。

丁鶴年（1335-1424 年），號友鶴山人，武昌人。他出生於一個世代官宦之家，而遭逢元末明初的社會動亂，半生顛沛流離，徒懷滿腔抱負。其詩文多書寫淒清悲苦懷國懷鄉之感，亦時而有清新俏麗之筆。他的作品現在僅存《丁鶴年集》中的 300 多首詩歌。這些作品反映了身處動亂之中的廣大知識分子的反思與苦悶，在某種意義上說，他代表了元明之際回族文學創作的最高成就。

金大車、金大輿也是明代取得較高成就的回族詩人，金大車有《子有集》，金大輿有《子坤集》。此外，海瑞、馬繼龍、閃繼迪等也都在詩歌創作上取得了一定的成績。

清朝不僅湧現出很多兼通伊斯蘭教、儒教、佛教、道教的回儒大師，在文壇上，回回詩人也不乏才俊。其中著名的有馬世俊、沙琛等。

馬世俊（？-1665 年），字章民，初號野臣，後號甸臣，江蘇鎮江府溧陽縣人。順治十八年（1661 年）狀元，官翰林侍讀。馬世俊精於書畫，有「二右」之譽（即書法如右軍王羲之、繪畫如右丞王維）。生前著作甚

123　柯紹忞：《新元史》，中國書店，1988 年。

豐，有《十三經匯解》、《禹貢注》、《理學淵源錄》、《匡庵文集》、《匡庵詩集》、《華陽游志》、《李杜詩匯注》等。

沙琛（1759-1821 年），字獻如，號雪湖，又號點蒼山人，雲南大理太和人，著名詩人。著有《點蒼山人詩抄》、《皖江集》等，存詩 1,300 餘首。其詩多貼近生活，農事詩描寫生產過程及農夫、農婦的勤勞淳樸，著名的有《憫農》、《慨農》、《民事詩五首》等。是一位傑出的富有現實主義和浪漫主義色彩的詩人。

第二節　回族的繪畫、書法、建築與音樂藝術

回族不僅創造和傳承著博大精深的哲學思想和先進的科學技術，而且創造了絢麗多彩的藝術文化。數百年來，回族藝術家們在文藝的百花園裡不斷耕耘，傾情奉獻，推動了中國藝術的發展與繁榮。

一、繪畫與書法

回族三畫家 —— 高克恭、改琦、馬貽

從元代到中華民國，中國畫壇出現了不少頗具影響的回族書畫家。其中元代的高克恭、清代的改琦、民國時期的馬貽，他們被合稱為「回族三畫家」。

高克恭（1248-1310 年），字彥敬，號房山，祖籍西域。高克恭師承廣泛，同時又長期接觸江南山水，師法自然，其畫作形神兼備，神韻渾厚，雄奇蒼莽，有動有靜，情境交融，極富天趣。無論是其山水之作還是墨竹小品，均受到歷代畫家的讚譽。他的《雲橫秀嶺圖》，奇峰兀起，層巒起伏，雲霧綴繞於山腰，筆法凝重，墨色沉重，蒼茫渾成，代表了元代發展

了的米氏山水寫意風格。

改琦（1774-1829 年），字伯蘊，號香白，又號七薌，別號玉壺外史，松江（今上海市松江區）人。改琦在畫法上師承廣泛，所繪山水花草蘭竹等小品畫，飄逸自然，自成一家。改琦所作 48 幅《紅樓夢圖詠》，是《紅樓夢插圖》中評價最高的精妙之作，形神兼備，唯妙唯肖。改琦的兒子改簣，女兒改允綿，都在父親的影響和教導下，繼承家學，成為繪畫花卉的能手。《紅玉醉顏圖》乃是改簣的代表作。改氏一家當時被稱為「改派」，父子女三人同是中國清代畫壇上的著名畫家。

馬貽（1886-1938 年），原名馬驪，號企周，別號環中子，四川西昌人。先後師從周境、曾熙（農髯）等，與張善子、張大千兄弟同學書法、文學、詩詞。他和張善子結為「金蘭之交」，執教於上海國立美術專科學校，與黃賓虹、徐悲鴻、瀏海粟等共事。馬貽精妙地將人物、山水、花鳥、仕女、翎毛、花卉等 13 種國畫融古今中西名法為一體，尤擅「博古花卉」，有「畫學博士」和「世界畫筆」之美譽。「九‧一八」事變後，馬貽以畫筆為利器，組織學生作畫宣傳抗日，參加義賣捐款、捐物支援前線。上海淪陷後，憂國憂民的馬貽貧病交加，於 1938 年 2 月 2 日病逝在上海法租界西門路寓所。他最著名的作品是《馬貽畫寶》三集，被譽為《芥子園畫譜》之後的又一部傑作。

二、阿拉伯文書法

在書法領域，回族最突出的貢獻是引入並發展了中國的阿拉伯文書法，是回族對中國藝術事業的獨特貢獻之一。阿拉伯文是一種字母文字，本身具有一種獨特的線條感，可以隨意變化其形狀而形成蜿蜒曲折的裝飾花紋。阿拉伯文書法用硬筆（「革蘭」）書寫，主要書法形式有納斯赫體

第八章　回族文學與藝術

（謄抄體）、庫法體、蘇魯斯體（三一體）、波斯體、盧格爾體、迪瓦尼體（公文體）、馬格里布體等十餘種。

　　回族繼承和發展了伊斯蘭世界的這種獨特的書法藝術，也稱其為經字畫。它吸收了漢字的特點和漢文書法的形式，以阿拉伯文字或阿拉伯字母的靈活變體寫成中堂、對聯或橫幅，字形為方塊字或圖案，在書寫時使用「革蘭」，同時也使用自制硬筆，也大量使用中國傳統的毛筆，實現了阿拉伯文書法的中國化，發展了具有中國特點的書寫方法和審美情趣。1938年，著名歷史學家顧頡剛在河州（今臨夏）讚揚阿拉伯文書法說：「其字以竹帚書寫，頓若山岳，揚若輕煙，有似散花之美。」[124]

　　經字畫用途廣泛。回族家庭將其裝裱，懸於居室，或更廣泛地將其應用在清真寺及其他宗教建築上，盡顯莊嚴、肅穆、神聖的宗教氣氛。回族工藝家們還以豐富的想像力，創造性地將阿拉伯文雕刻成石雕、木雕、磚雕，或燒製在瓷器皿上，或鑄刻在銅香爐等金屬器皿上，以及裝飾在各類建築的藻井、門窗、柱梁上，構思奇妙，古樸雅緻，盡顯回族工藝家的藝術才華和審美情趣。另外，回族婦女在刺繡、剪紙藝術中，也時常以阿拉伯經文為其主題，成為回族民俗工藝品的一個重要部分。

　　在西北地區，民間流傳的阿拉伯書法作品很多，其中尤以手寫的《可蘭經》為代表。中華人民共和國成立初期，中國國家民委曾在甘肅臨夏購買三套被稱為「無價之寶」的手抄本《可蘭經》，由臨夏第一批朝勤人員作為禮物贈送給沙特王國。青年書法家陳坤的作品曾在巴基斯坦獲得書法和設計兩個一等獎，並被馬來西亞前總理馬哈蒂爾收藏。1992年畢業於中央美術學院的程全盛，則把阿拉伯文書法與繪畫結合起來，創造了一種

124　顧頡剛：《河州視察記》，轉引自《中國伊斯蘭教史參考資料選編》（寧夏人民出版社，1985年）。

獨具特色的經字畫。他的作品《宇宙的回聲》運用阿拉伯文與色彩、圖案的結合，表達了伊斯蘭認主獨一的宗教信念及宇宙的深邃、神祕與和諧之美。

三、獨特的回族建築藝術

中國建築、伊斯蘭建築、歐洲建築被公認為世界三大建築體系。而回族建築藝術是將中國建築藝術和伊斯蘭建築藝術融為一體的獨特的建築藝術。中國穆斯林的建築藝術主要反映在清真寺的建造中。

清真寺是穆斯林舉行禮拜、宗教功課、舉辦宗教教育和宣教等活動的中心場所，是阿拉伯語「麥斯吉德」（即叩拜之處）的意譯。唐宋時期稱為「堂」、「禮堂」、「禮拜堂」等，元代以後稱「寺」、「回回堂」、「禮拜寺」。目前所知最早取名清真的禮拜寺是北京東四清真寺。該寺初名「禮拜寺」，又名「法明寺」。明景泰元年（1450 年），代宗皇帝朱祁鈺敕題「清真寺」匾額。[125] 從不少伊斯蘭教的碑刻匾額和地方志等文獻看，大約明末清初，各地新建或重修的禮拜寺，已經普遍稱作清真寺。

中國回族在繼承阿拉伯 —— 伊斯蘭建築風格的基礎上，創造性地吸收和融匯了中國傳統宮殿式建築藝術的豐富形式，形成了具有中國氣象的回族清真寺建築藝術風格。回族的清真寺建築藝術既豐富了中華民族的建築藝術寶庫，又充實和豐富了源遠流長的世界穆斯林國家和地區的建築藝術風格。[126]

唐宋時期是阿拉伯 —— 伊斯蘭建築在中國的移植時期。穆斯林先民在東南沿海修建了廣州懷聖寺、泉州聖友寺、杭州真教寺、揚州仙鶴

125　佟洵：《伊斯蘭教與北京清真寺文化》，中央民族大學出版社，2003 年。
126　丁克家：《至真至美的回族藝術》，寧夏人民出版社，2008 年。

寺等四大名寺。從外觀造型上看，這一時期的清真寺建築基本上是阿拉伯 —— 伊斯蘭風格。建築大都採取磚石結構，在原料的應用上突破了中國傳統的土木結構，對中國後來的建築技術產生了重要影響。

泉州聖友寺長方形的寺門，蔥頭形的尖拱，其形制和中世紀阿拉伯世界普遍流行的清真寺式樣相似。聖友寺大門及大殿石牆的砌法也很獨特，係長石條及正方形丁頭交替使用法，使石牆外觀每隔一層即是一方塊形物，殿面極富裝飾趣味。這種砌石法，常見於伊朗、中亞一帶。另外，廣州懷聖寺光塔，塔身上下全用磚石砌成，形如一支兀立蒼穹的巨大蠟燭。塔為雙層磚壁筒式結構，下層如燭身，上層如燭心，內壁之中用土填實，成為塔心柱。雙壁間砌蹬道兩條，相對盤旋而上，從底至頂各為 154 級磚階。每上數階，即設一窗口以採光。塔身內外均堊白灰，故外表光潔古樸，「望之如銀筆」[127]。

這些早期的中國清真寺建築，一方面為中國古代建築增添了新法式、新內容，同時也為伊斯蘭教建築的中國化奠定了基礎。到元代，這種嘗試更趨於大膽，已開始吸取中國傳統建築的平面布局和木結構體系，出現了從阿拉伯式建築向中國建築的過渡形式或中阿混合形式的清真寺。到明清時代，回族建築在實現了中國化的同時又形成了鮮明的民族特徵，主要體現在建築布局，大殿的位置與功能以及殿內外的雕刻裝飾上。

從建築布局上看，清真寺都是坐西向東，不同於中國傳統的南北向布局。在所有建築中，特別突出大殿的位置與功能。例如，為了容納不斷增加的禮拜人數，清真寺大殿往往使用「勾連搭」式的建築，即把數重中國式殿宇連接起來，形成進深很大的內部空間。清代修建的山東濟寧西大寺，「……大殿，是全中國起脊式的伊斯蘭教清真寺大殿中最大的一個。

127　岳珂：《桯史》，中華書局，2005 年。

它的規模僅次於北京清宮太和殿，是全中國最大的大殿建築之一」[128]。該寺建於清初順治年間，有前殿 5 間 11 檁，康熙二十一年（1682 年）加建中殿 7 間 11 檁，乾隆時又增建後殿 5 間，又有卷棚 3 大間，殿內一片木柱，如入森林。在禮拜殿內部裝飾上，則大量使用阿拉伯文書法和伊斯蘭式樣的植物紋飾。另外如北京牛街禮拜寺，外觀完全是中國傳統建築，但大殿內部的木柱間廣泛使用裝飾有阿拉伯文的拱券，具有鮮明的伊斯蘭教特點。這樣，融合伊斯蘭建築藝術與中國傳統建築形式的獨特的回族建築風格形成了，為中國建築藝術寶庫增添了新的門類。

回族先民對中國建築的另一大貢獻是修建元大都。亦黑迭爾丁為元初人，在忽必烈時代，被委任為掌管土木工程及工匠的茶迭兒局總管府達魯花赤。他曾奏請修建瓊華島（今北海公園前身），以 3 年時間完成廣寒殿，由此得到皇帝的賞識，奉命與張柔、段天佑等修築宮殿。他跟劉秉忠、郭守敬等密切配合，共同建造了別具風格的大都城的宮殿建築，其中糅合了不少域外的建築技巧和建築風格，奠定了元、明、清三代北京城的基本布局。

四、回族的雕刻藝術 [129]

回族獨具風格的磚雕、木雕的石刻藝術與建築藝術水乳交融，相輔相成，成為中國回族建築的一枝奇葩。雕刻藝術透過對各種物質原料精雕細琢來反映人類的智慧、時代藝術風格與美學追求。

128　路秉杰：《中國伊斯蘭教建築》，上海三聯出版社，2005 年。

129　雕刻部分參考了洪梅青、劉偉著《回族雕刻藝術》（寧夏人民出版社，2008 年）。

第八章　回族文學與藝術

磚雕藝術

磚雕是回族最有民族特色的雕刻藝術。回族磚雕的歷史，最早可追溯到唐、宋時回族先民們所建清真寺和他們墓地的建築中。元代所建的杭州真教寺大殿，磚砌的牆面上伊斯蘭風格的磚雕，非常精美，顯示了回族先民們高超的磚雕藝術。明清以來，回族在吸收中國漢族傳統的磚雕藝術的基礎上，在實踐中不斷創新和發展，形成了自己獨特的民族風格。

全中國各地回族的清真寺，幾乎都有用磚雕作品做裝飾的傳統。磚雕在西北回族民居建築中也很常見。回族磚雕，不雕人物、偶像，而是以樹木花卉、山水景物為表現對象，同時借鑑漢族等傳統雕塑圖案，如龍鳳呈祥、孔雀開屏、麒麟高長、獅子戲球、仙鶴長壽、高山流水，松柏長壽等。這些磚雕雕鏤精細，構圖嚴謹，立意新穎，形象生動，古樸多姿，富於極強的想像和表現力，具有強烈的生活趣味、藝術價值和審美情趣。

近代以來，磚雕藝術以甘肅臨夏磚雕和天津磚雕最為著名。一般認為，臨夏的回族磚雕藝術起源於北宋，成熟於明清，近代更臻完美。當代磚雕作品以東公館、北寺影壁、大拱北、紅園等處最富有特色。磚雕多以松柏、荷花等植物，仙鶴、鹿等動物以及漢字或阿拉伯文書法為主，加以各種幾何圖案，具有很好的裝飾效果。臨夏磚雕以周聲普（1908-1987年）為代表的「周派」最為有名，特點是設計精妙，氣勢宏偉，圖案富麗，充滿詩情畫意。在天津，回族藝人馬順清等將刻磚由泥瓦細活發展為磚刻藝術。馬順清的外孫劉鳳鳴進一步發展了磚雕藝術，人稱「刻磚劉」。

木雕藝術

木雕也是各地回族主要的建築裝飾之一，內容多表現以經訓為主題的各體阿拉伯文書法、幾何與花卉圖案等。許多建築物的藻井、門窗、柱梁

上多有構思巧妙、刀法細膩的木雕，融古樸、精巧、高雅為一體。

　　青海洪水泉清真寺的木雕中充分體現了回族多種雕刻藝術融會貫通、渾然天成的高超技術。純木結構的邦克樓，通體全用木頭勾連搭建而成，沒有用一個鐵釘，鏤刻的木椽、廊檐及鬥拱，新穎別緻，木雕工藝精妙無比。清真寺大殿內部正中央的木雕吊頂，也是精緻鏤空的木雕結構，宛如一簇花燈，美輪美奐。

　　西安化覺巷清真寺禮拜殿內的《可蘭經》木刻，選擇優質原木，用中文、阿拉伯文將整本《可蘭經》雕刻在大殿四周的木板牆上，這項工程歷時 13 年，由於從立意構思到書法、雕刻諸工藝均與大殿古建風格自然巧妙地結合在一起，形成一種渾然天成、氣勢宏偉的藝術效果，被國內外著名人士讚譽為「世界奇蹟」。

石刻藝術

　　回族的石刻可以上溯到唐宋回族穆斯林先民時期。在廣州、泉州、揚州、海南等沿海地區的著名港口城市等地，留下了數以萬計的穆斯林石碑和碑銘，其中以泉州的石刻最為有名。

　　迄今為止，泉州發現的伊斯蘭碑刻有 200 餘方，有清真寺建築石刻和墓葬建築石刻。墓葬建築石刻，大致可以分為四種形式：墓碑、塔式石蓋、祭壇式墓葬石刻和拱北式陵墓建築的門楣石刻。這些石刻的雕刻圖案，大多有雲月、幾何、花卉、枝葉等；石刻文字以阿拉伯文為主，部分為波斯文和突厥文，有的混刻漢文、波斯文、阿拉伯文於同一碑中。泉州遺存的回族穆斯林石刻數量之多，內容之豐富，是國內其他地方無法比擬的。尤其可貴的是石刻上阿拉伯文、波斯文的記載，可以彌補史籍史料的不足，對於我們研究伊斯蘭教傳入及其在泉州的歷史，回族穆斯林先民在泉州的

生活、從事的職業及其對社會、經濟和海外交通貿易造成了重要作用。

　　《可蘭經》是伊斯蘭教唯一的根本經典，在中國回族穆斯林中有多種手抄或印刷類的紙質文字版本，西安化覺巷清真寺有《可蘭經》的木雕全文，但尚缺一份永久保存且能被廣為瞻仰的石刻全文。陳廣元大阿訇有感於此，遂舉念手書《可蘭經》全文，並在河北省威縣虔誠的穆斯林石刻家王鳳桐夫婦的鼎力協助下，由其自籌資金並親自鐫刻陳廣元大阿訇手書《可蘭經》全文。陳廣元大阿訇於2002年開始書寫《可蘭經》首章，到2006年完成《可蘭經》末章，歷時4年多。王鳳桐祖孫二代也將自己的舉念付諸行動，籌資並親手鐫刻。該石刻選用泰山基石為材料，將《可蘭經》30卷114章全文鐫刻在高1公尺，寬0.5公尺，厚3公分的石板上。共用石板528塊，總面積為264平方公尺，總重量約26噸。該石刻《可蘭經》歷時較長、工程浩大，具有獨特的藝術風格，已成為中國伊斯蘭文化史和回族石刻史的瑰寶。這一壯舉彌補了中國伊斯蘭文化史上缺乏石刻《可蘭經》的空白，受到國內外媒體的廣泛關注。

　　另外，回族不僅有經營玉器珠寶生意的傳統，玉雕藝術同樣成就斐然。清末牛街不少回族除經營玉器珠寶買賣外，還設有玉器加工作坊，形成前店後場的格局。製作玉器以擺件為主，大件如鼎、爐、茶具、花鳥、人物，小件如戒指等飾物。民國初年，牛街回民常文慶還到新疆和田採購玉石原料，用駱駝馱回北京，開了「富潤德」玉器店，前店後廠，產品遠銷國外。回族鐵寶亭的「德源興」玉店，加工的玉器以巧妙利用玉石色彩聞名，如有一次買進一塊白玉，僅有一點翠綠色，該店將它雕刻成一棵大白菜，上面立著一隻綠蟈蟈，妙合自然，被視作稀世珍品。日偽統治時期，北京回民的玉器雕刻加工廠大多倒閉。中華人民共和國成立後，尤其是近十年來，回族玉雕日益復興，牛街成立了玉器加工廠，北京宣武區外

貿公司還成立了民族玉器廠，許多回族玉雕藝人組織起來，貢獻出玉雕絕藝，製作出許多高水準的工藝品。

五、音樂

　　音樂是聽覺的藝術。從古至今，回族音樂家不乏其人。如明末古琴演奏家金瓊階，自稱修去逸叟，古琴技藝高超，孤憤淒怨，聞者莫不動情，是明代琴壇松江派的後期名手。當代中國音樂領域，湧現出了不少有突出成就的回族音樂家和群眾喜聞樂見的回族歌手。如中國交響樂之父──李德倫，《梁祝》曲作者之一的陳鋼，作曲家杜矢甲、楊庶正等。著名的回族歌手馬玉梅、丹慧珍、馬太萱、安妮、哈輝演唱的回族民歌，經常在電視和廣播中播放。在流行樂壇，則有觀眾熟知的回族歌手蔡國慶以及因演唱電視連續劇《金粉世家》主題曲《暗香》而嶄露頭角的北京回族歌手沙寶亮等。

　　回族音樂最具代表性的是西北的民歌「花兒」。回族群眾喜愛花兒，是花兒的創造者、演唱者、繼承者和傳播者。花兒內容以歌唱青年男女的愛情為主，形象地反映了回族人民的生活和歷史遭遇，最著名的是長篇敘事詩《馬五哥和尕豆妹》。從形式來看，回族花兒的語言、結構、比興手法的運用等也都有自己的特點。由於流行的地區不同，加之在發展過程中受到西北各民族文化的影響，因此形成不同的流派和藝術風格。有河湟花兒、洮岷花兒、寧夏花兒等不同的流派。其中河州花兒（屬於河湟花兒）最具代表性。

　　河州花兒委婉動聽，基本調式和旋律有數十種，變體甚多。形式上有慢調和快調。慢調多為 4/4 或 6/8 拍，唱起來高亢、悠長，曲首、曲間、句間多用襯句拖腔，旋律起伏大，上行多用四度調進，高音區多用假聲。

快調多為 2/4 或 3/8 拍，相對緊湊短小。河州花兒多為五聲微調，自成體系。一般每首詞由四句組成，前兩句常用比興，後兩句切題。字數上單雙交錯，奇偶相間，不像一般民歌那麼規整，故更加自由暢快。

　　近年來，回族民間音樂的收集、整理以及繼承與發展進一步受到了重視，花兒作為西北回族地區的一種重要的非物質文化遺產，不再僅僅是山野村言進入了學術研究的殿堂，引起越來越多學者的關注。除了民間傳統的一些「花兒會」以外，花兒還走上了舞台。一批新作如歌舞劇《曼蘇爾》，歌舞《花兒與少年》，歌曲《寧夏川》、《寧夏的花兒塞上的歌》、《山鄉盼望你們來》、《站在高山望北京》等，受到廣泛的好評，成為展示西北地區人民風貌的一種重要藝術形式。

第三節　現當代回族作家

　　中華人民共和國成立後，回族文學有了長足的發展，各種文學體裁的創作都取得了較大的成績，湧現出一批回族作家和優秀作品。詩人沙蕾、木斧（楊甫）、馬瑞麟、高深，小說家胡奇等較有影響。回族作家以漢語為載體，一方面堅守自己民族的精神根脈，另一方面在審美心理、文化結構上進行多元參照，創作手法日益豐富，成為中國當代文學創作中的一支重要力量。

一、精神的行者張承志

　　張承志，筆名張錄山，經名賽義德，原籍山東濟南，1948 年出生於北京。曾供職於中國歷史博物館、中國社會科學院民族研究所、海軍創作室、日本愛知大學等。現為自由職業作家。1978 年開始創作。已出版著作

30 餘種。1980 ～ 1990 年代，以「理想主義氣質」著稱。

1978 年，張承志的第　篇小說《騎手為什麼歌唱母親》獲得中國優秀短篇小說獎。此後，《黑駿馬》、《北方的河》分別獲第二屆和第三屆中國優秀中篇小說獎，1995 年獲首屆愛文文學獎，長篇小說《金牧場》入選中國小說 50 強（1978-2000 年）。張承志迄今為止出版著作（單行本）約 60 部，代表作品有《心靈史》（長篇小說）、《黑駿馬》、《北方的河》、《清潔的精神》（散文集）、《誰是勝者》（散文集）、《文明的入門》（散文集）等。部分作品被譯成英、法、日等文字出版。

張承志早期以草原生活為題材，稍後他把個人理想與宗教信仰結合在一起，開始了他對回民生存和真主信仰的探索。他用文學形式書寫的宗教史《心靈史》（花城出版社 1991 年初版）歌頌了哲合林耶門宦回族群眾為了維護信仰的純潔及心靈的自由而不惜犧牲的英雄主義，在文壇引起了很大的震動。張承志的散文卻體現出一種完全不同於小說的風格，憤世嫉俗，而且帶有強烈的愛國主義思想，並對諸多國際問題提出了自己的見解，字裡行間，體現出一個知識分子典型的憂患意識。張承志一直不懈地追求一種內清外潔的生活態度與精神境界，追求實現「人性之大美」，成為當代中國文壇上的一面獨特的旗幟，獲得了主流文學評論界的廣泛關注。可以說，張承志具有濃郁回族風格的作品，乃是回族奉獻給中國漢語文壇的最為寶貴的財富。

二、思鄉遊客白先勇

白先勇，1937 年生於廣西南寧，係前國民黨著名將領白崇禧之子，台灣當代著名作家。1965 年在美國愛荷華大學獲碩士學位，後在美國加州大學聖芭芭拉分部任教中國語文。1958 年首次在台灣《文學雜誌》上發表小

說《金大奶奶》，此後創作勢頭一發不可收拾。在迄今為止的 40 多年創作生涯中，除了散文、論文、雜文以及改編的戲劇、電影腳本外，共發表短篇小說 36 篇，長篇小說 1 部，在世界華文文壇享有盛譽，被譽為「中國短篇小說中少見的奇才」[130]。2000 年，花城出版社出版了 5 卷本《白先勇文集》，首次將他的文學作品全面介紹給大陸讀者。

白先勇的小說創作可分為三個時期。前期的作品主要回憶少年生活，主觀色彩較濃，較多地受到西方現代文學的影響。《玉卿嫂》是這一時期的代表作。中期，白先勇創作了一系列以留學生活為題材的作品，結集為《紐約客》出版。白先勇在小說中滲透了對民族、文化、中西價值觀念的嚴肅思考。《芝加哥之死》、《謫仙記》等作品寫出了浪跡天涯的中國留學生「無根」的痛苦，字裡行間顯示了作者對民族的認同感和歸屬感。後期，以短篇小說集《台北人》為代表。收在《台北人》中的 14 篇小說幾乎篇篇都是精品，它們奠定了白先勇作為優秀小說家的地位。

另外，值得一提的是，2004 年，中國廣西師範大學出版社出版了他的一部作品集《青春·念想 —— 白先勇自選集》以及新作《姹紫嫣紅牡丹亭》。白先勇喜愛中國地方戲曲，對於其保存及傳承，亦不遺餘力。

三、不讓鬚眉的霍達

霍達，女，1945 年生於北京。中國國家一級作家，第七、第八屆中國中國政協委員，第九屆中國全國人民代表大會代表，中國文聯全國委員會委員，中國少數民族作家協會副會長，北京市文聯理事。迄今著有小說、報告文學、影視劇本、散文等多種體裁的文學作品約 500 萬字。作品有英、法、阿拉伯等多種文字譯本及港、台出版的中文繁體字版。霍達作品

130　夏志清：《白先勇早期的短篇小說 —— 寂寞的十七歲代序》，遠景出版社，1977 年。

沉雄深厚、凝練典雅，兼備陽剛陰柔之美，獨具亦史亦文之風，具有不讓鬚眉的氣概。

　　霍達是一位多方位高產的女作家，她的文學創作主要集中在影視劇、報告文學和小說三個領域。霍達尤其擅長歷史題材的影視劇創作，出版有《霍達電影劇本選》。她的報告文學面對社會現實，具有一種強烈的憂患意識，如《萬家憂樂》、《國蕩》、《小巷匹夫》等。在小說創作中，作品有《穆斯林的葬禮》、《紅塵》、《補天裂》等，而其中尤以涉及北京回族生活側面的長篇小說《穆斯林的葬禮》最為著名。該書在描述了一個回族家庭兩代人的悲劇性愛情的同時，也展現了舊北京回族生活的某些畫面。小說現實主義精神與現代主義思想相融合，透過對民族生存方式、生存狀態及其人的靈魂和命運的描寫，來折射社會歷史、反映社會生活，具有較高的文學審美價值。不僅獲得了中國長篇小說最高獎項茅盾文學獎，而且創造了重印十版、發行上百萬冊的暢銷奇蹟，成為 1980 年代以來中國小說中的一個獨特現象。

四、開拓創新的沙葉新

　　沙葉新，生於 1939 年，江蘇南京人，劇作家，國家一級編劇。1965 年發表獨幕喜劇《一分錢》，公演後頗獲好評。1978 年發表劇本《好好學習》、《森林中的怪物》、《約會》，後者獲上海優秀劇作獎。1979 年發表劇本《兔兄弟》，獲第二屆中國少兒文藝創作三等獲、首屆中國少數民族文學創作榮譽獎。1980 年發表《陳毅市長》，獲第一屆中國優秀劇本評獎首獎、首屆中國少數民族文學創作獎。1982 年發表劇本《以誤傳誤》，獲上海優秀作品獎。小說《似曾相識車歸來》獲《青年一代》好稿獎。

　　1984 年，沙葉新的劇本創作進入又一個黃金期。發表電影文學劇本

《宋慶齡》，獲《十月》文學獎。同年，電影劇本《陳毅與刺客》獲第三屆中國中國電視劇金鷹獎。1986 年發表《尋找男子漢》，獲第三屆上海戲劇節創作演出獎。1987 年創作的話劇《耶穌‧孔子‧披頭士列儂》發表於《十月》雜誌 1988 年第 2 期，同年 4 月由上海人民藝術劇院首演。該劇獲加拿大「1988 年舞台奇蹟與里程碑」稱號。其劇作《假如我是真的》、《大幕已經拉開》、《馬克思祕史》、《尋找男子漢》及小說《無標題對話》等，曾引起強烈迴響。這些作品被譯為英、日等國文字。

第四節　回族武術

　　中華武術是中國的文化瑰寶。回族在發展過程中，注重健身，逐漸養成習武傳統，因而武術在回族中久盛不衰。回族武術繼承了中華武術的優秀傳統，又與回族風俗習慣緊密連繫，在拳術、器械、對練等方面有獨特的民族風格，形成了民族特色鮮明的武術流派，並以崑崙山為代表，稱為「崑崙派」，與「少林」、「武當」、「峨嵋」並稱中華武術四大流派。

一、獨特的回族拳械套路

彈腿、查拳和「回教三絕」

　　彈腿，係以腿法、腿技、腿功為突出特點的回族武術門派。以腿足迅疾，彈如彈丸而得名。「從南京，到北京，彈腿出在教門中（伊斯蘭教）」，確是武林公認的傳統說法。尤其滄州回族所練彈腿，一出式即為「湯瓶式」，首先亮出民族代表。查拳，亦稱回回拳。查拳發力爆脆，節奏明快，奔放飽滿，動靜有變，勁力通達。其拳、械、練三種套路多達 70 餘種。[131]

131　滄州武術志編纂委員會編：《滄州武術志》，河北人民出版社，2007 年。

第四節　回族武術

　　舊時武林中將湯瓶七式拳與回回十八肘、心意六合拳並稱為「回教三絕」，也稱「回教三寶」，都屬於獨有的回族拳種。

　　湯瓶七式拳又叫湯瓶氣功，源於穆斯林禮拜前用湯瓶淨身的活動。據說由明末清初河南周口回民楊明公所創。清初，寧夏回回湯瓶氣功大師穆其太曾與少林高手比武，以其精湛的氣功使之折服。經過數代傳人的努力，湯瓶氣功成為既有功法，又有理論，且更能實踐的唯一屬於中國穆斯林的氣功，具有鮮明的伊斯蘭教色彩。另有湯瓶七式拳（又稱湯瓶拳或七式拳）也為回族獨創，被稱為「伊斯蘭教神聖的保家拳」。湯瓶拳有歌訣曰：「金梁起架最難防，左開右進探心掌。合手殺下千斤墜，隔臂打耳破命傷」，可見其技擊性是很強的。

　　回回十八肘是回族人民中最著名的短打招法。回回十八肘要求「先練肘，後練手」，認為肘硬而尖，穩而疾，短而險，攻擊力強，攻守兼備、變化莫測，尤其在貼身近戰中更顯威力無窮。所以拳譜有雲，「肘打四方人難防，手肘齊發人難擋」，「寧挨十手，不挨一肘」等說法。回回十八肘具有濃郁的民族風格，如開式有依瑪尼式，還有湯瓶式、阿密乃式等。這種拳術明末開始流行，代代相傳，只在部分信仰虔誠、品德高尚的阿訇與滿拉中密傳。清代以來的傳人有白鎖成、李子光、楊萬祿、居奎等。回回十八肘對肘法的研究和總結體現了回族人民在武術方面的創造才能。

　　心意六合拳簡稱心意拳，從清初開始一直在河南回族穆斯林群眾中密傳，近代以來才傳至安徽、湖北、北京、上海等地。所謂心意六合拳，是以「心意誠於中，肢體行於外」之意命名的。心意六合拳在河南的開山祖師為洛陽回族人馬學禮，他藝成後曾赴少林寺試功，打出少林山門，威名大振，人稱「神拳」，從此在河南立起心意拳門戶。心意拳動作簡單，快速靈活，在健身和技擊方面都有很高價值。

　　另外，穆斯林拳、穆斯林八卦太極拳、白猿拳、通背等一大批拳種或為回族所創，或回族為其發展做出過重大貢獻。

代表性的回族武術器械

　　六合槍，在回族中流傳甚廣。它是中國明代以來槍法的正脈，著名的沙家槍、馬家槍均屬六合槍體系。馬家槍據傳是南京回族馬家所創，代表人物為明代南直隸彭城衛指揮馬仲良（1373-1437 年）是馬依澤的十八世孫，善槍法，與回族沙家槍齊名，人稱沙家竿子馬家槍。據《手臂錄》記載，「若沙家竿子，馬家六合，進退奇伏，跳蕩盤旋，亦有能事」；「古訣雲，乃中平槍法，作二十四勢之元，為六合之主。六合乃馬家槍名，足知十十四勢，馬家槍法也」[132]。

　　甘肅河州（今臨夏）地區流傳的棍法種類很多，其中最受推崇的是天啟棍。天啟棍最初由清嘉慶、道光年間在世的回族武術家常燕山傳授，號稱隴右「四大名棍」之首。後來天啟棍形成回漢兩個傳系，演練風格各不相同但又互相尊重。

　　此外，回族習練的桿子鞭、哨子棍、索來拐、龍爪鉤、五虎群羊棍等，都帶有明顯的民族特色。桿子鞭，又稱西域鞭，繫一齊眉棍上縛一繩索，索端繫一鋼鏢，鏢重約 0.75 公斤。這種桿子鞭和五虎群羊棍均與穆斯林民族牧馬放羊有關，係分別由牧馬鞭索和放羊棍演化而成。龍爪鉤，形似龍爪，係由回民屠戶翻牛羊肉的鉤子轉化而成。

132　吳殳：《手臂錄》，山西科學技術出版社，2006 年。

二、武林高手，代不乏人

清中葉以來，回族穆斯林備受封建統治者的歧視、壓迫與欺凌，他們意識到，要保衛自己的信仰和民族就必須有強健的體魄和抗暴禦侮的本領。於是，回族穆斯林尚武的傳統得到進一步加強。在這種社會背景下，回族武術有了很大發展，湧現出一批又一批的武術大師。

丁發祥（1615-1694 年），字瑞羽，清滄州孟村人。丁發祥功力超群，德高望重。康熙十五年（1676 年），他在北京擊敗了兩名設擂稱霸的俄羅斯大力士。康熙皇帝親自召見，稱其為「鐵壯士」，並賜御書匾額一幅曰「笑龍匾」，「龍旗」六面，特命在其家鄉丁壯子修建一座清真寺。[133]

李鳳崗，人稱「雙刀李鳳崗」，河北滄州人，清道光、咸豐年間著名的武術家。他在天津主持鏢局時，以其高超的武藝，嚴正的為人走南闖北，與人交手無數次，從未失鏢。李鳳崗自幼隨叔父李冠銘學習六合拳及各種兵器，尤擅雙刀。李冠銘亦是一代名師，他獨創成興鏢局，曾以「手攀坊梁，以股夾馬起，馬跳嘶而不能少動」之絕技，藝壓狂妄鏢客，從此各路鏢師「鏢不喊滄州」，久沿成例。[134]

買壯圖（1821-1905），心意拳回回派第五代傳人之一，是精練簡化心意拳的傑出代表之一，人稱「心意大俠」。他不僅能正手擒雀，而且有沾蝶之功。他用手近按一隻蝴蝶，讓蝶任意飛翔，自己隨蝶飛奔五里許，其蝶仍在掌中。買壯圖曾作一首發人深省的心意拳六合歌訣：「練拳容易得藝難，靈勁上身天地翻。六合相聚人難躲，遇人好似弓斷弦。」早在河南流傳的是馬三元式教門四把捶，其招數多達 28 式。買壯圖將其精簡為 4 個拳式，把重複的動作全部刪掉，充分發揮心意拳在技擊中以短見長、以

133　[民國]《滄縣誌》，1933 年鉛印本。
134　滄州武術志編纂委員會編：《滄州武術志》，河北人民出版社，2007 年。

少勝多的道理。形成時隔 140 多年，從來沒有人能隨意變動、增加或減少拳式。買壯圖對心意拳的貢獻之大由此可見一斑。[135]

王正誼，字子斌，清末享譽北方的武俠。河北滄州人，師從李鳳崗，因刀術絕技，又因兄弟排行第五，人稱「大刀王五」。他為人慷慨仗義，在華北各地俠士中被奉為楷模。王正誼關心時局，常常以其武功主持公道，對清廷的腐敗賣國極為痛恨。他支持維新變法運動，是譚嗣同的武術老師。光緒二十六年（1900 年）八國聯軍入北京城時，王五率手下鏢客、弟子數十人加入抵抗侵略的隊伍，終被侵略者殺害。《庚子詩鑒》曰：「二哀詩裡槍忠良，勁草能標十步芳，絕勝未留文字禍，都人休說大刀王。」[136] 表達了當時人們對大刀王五的懷念之情。

張英振（1896-1977 年），山東冠縣人。先後被聘為中央國術館一等教授、黃埔軍校國術教官，兼任軍需署、財政部、警官學校等國術教官和中央軍校教授，歷時 30 餘年，弟子近千人。晚年，他致力於查拳及保健養生的研究，撰寫了《查拳歌、譜、詩、論》、《五路查拳》、《八路查拳》、《五和拳》，與弟子彭清賢合著《查拳概況》，對回族查拳的起源、傳播、現狀以及它的種類、套路、特點等方面均有一定的闡述和研究。張英振是當代對查拳理論貢獻最大的回族武術家。[137]

呂瑞芳（1908-1998 年），河南舞陽縣北舞渡人。呂瑞芳自幼酷愛武術，除繼承家學外，又得到丁兆祥的刻意栽培，遂成了匯通馬式（馬三元一脈）、買式（張志誠一脈）兩支派練法之嫡系傳人，較全面地繼承了心意六合拳的內涵。呂瑞芳從未進過學堂，其文化修養得益於跟隨舅父丁兆祥背誦《可蘭經》及《拳經》。丁兆祥稱讚他：「能把經論置拳中，是為

135　陳金展：《買壯圖軼聞》，《魯山文史資料》第 9 輯。
136　陳睦編：《庚子詩鑒》，台北文海出版社，1969 年。
137　張大為：《查拳名師張英振》，《中國民族》1991 年第 8 期。

拳。」1959 年，他代表青海省武術代表團參加全中國第一屆運動會，與兒子、女兒同場獻技，**轟動賽場**，《人民日報》刊文譽為「呂氏三傑」。1985 年，他的武術資料曾在京展出，被中國國家體委列入中華武術文庫，並被國家武術院收藏。呂瑞芳幾十年如一日義務教拳，為國家培養了大批武術人才，美國、日本、新加坡等國的武術愛好者也慕名前來求學，可謂桃李滿天下。

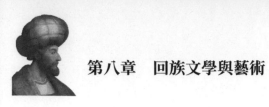

第八章　回族文學與藝術

第九章　回族商業文化

第九章　回族商業文化

　　商業對一個民族經濟生活的活躍，經濟結構的平衡，社會財富的流通，社會福利的進增，不同民族、地區、國家間經濟文化的溝通交流，發揮著強大的槓桿作用。商業興則民族活，國家興。回族是一個善於經商的民族，商業文化對於回族的生存發展產生了深遠的影響。

第一節　古代回族商業

一、回族經商傳統的淵源

　　回族有著悠久而濃厚的經商傳統，這種傳統源自阿拉伯先民時期。古代阿拉伯人以游牧生活為主，自己不能生產的生活用品完全依靠商業貿易換取，而且商人走南闖北，傳遞著文化，交流著訊息，聯接著友誼，所以商人在阿拉伯人中很受尊重，擁有很高的社會地位。《可蘭經》中肯定商人是「大地上尋找財富者」，商人的職業是高尚的。《可蘭經》強調，「誰為主道而遷移，誰在大地上發現許多出路和豐富的財源……真主必報酬誰」。（4:100）先知穆罕默德曾說，「誠實的商人在報應日將坐在主的影子之下」。「他們猶如世界上的信使，是真主在大地上的可信賴的奴僕」[138]。回族的商業經濟從唐時來華的先民時期的貿易活動算起，已有 1300 多年的歷史，隨著社會環境的變化，商業經濟也在適應著社會的變遷而不斷發展。在當代和未來，商業經濟必將對回族的發展產生更大的影響。

138　（巴基斯坦）賽義德·菲亞茲·馬茂德著，吳雲貴等譯：《伊斯蘭教簡史》，中國社會科學出版社，1981 年，第 65 頁。

二、回族先民早期的商業活動

　　唐朝時期，阿拉伯、波斯穆斯林「蕃客」就海陸分程，活躍在「絲綢之路」和「香料之路」上。大唐京都長安、河西走廊以及東南沿海的廣州、揚州、泉州、杭州等城市，是他們經商落居的主要地區。他們行商坐賈，開設「胡店」和「波斯肆」，主要經營珠寶、象牙、犀角和香藥。民間流傳著許多回回識寶的故事，唐人筆記對此也多有記述，如張讀《宣寶志》記載，嚴生拾到一個珠子後認為是「彈珠」置於箱中，但在一次游長安時，遇一胡商，竟叩馬而言曰：「衣裏之中有奇寶，願得一見！」後以「三十萬為價」購去。說此「彈珠」是西國之清水珠，「若置於濁水，冷然洞徹」。由此可見波斯商人的識寶能力。

　　此外，阿拉伯商人還進行著一種具有政府行為的易貨貿易，史書稱之為「朝貢」。商人以「進貢」的方式，把自己的貨物運到中國，再把回賜的中國絲綢、銅器、陶瓷等運銷阿拉伯地區。回族先民的商業活動，溝通了中西方經濟文化的交流，加強了邊疆地區與內地的連繫，促進了沿途城鎮的興盛繁榮，也奠定了早期回族商業文化的基礎。

　　宋代，政府實行一系列招商優惠政策，商業活動更趨頻繁。太宗雍熙四年（987年），「遣內侍八人，賚敕書金帛，分四綱，各往海南諸番國，勾招進奉」[139]。阿拉伯史學家的著述中也談到，宋初「中國政府曾經派遣一個專門的代表團前往西拉夫，招徠穆斯林商人，允許保護他們，並給以進出口的便利」[140]。這一政策具有現代意義上招商的性質。同時，政府為促進對外貿易，增加稅收，在廣州、泉州、杭州等重要的通商口岸設立市

139　[清]梁廷枏：《粵海關志》，上海古籍出版社，1995年影印本。
140　（英）湯因比著，劉北成、郭小凌譯：《歷史研究》，上海人民出版社，2000年。

第九章　回族商業文化

舶司，負責「蕃貨、海舶、征榷、貿易之事，以來遠人，通遠物」[141]。此外，對有些經營有道的蕃商，宋政府還授以官職，作為褒獎。大食富商蒲羅辛及大船主蔡景芳就因販乳香值 30 萬緡和招來舶貨收息錢 98 萬，被授以從九品的「承信郎」一職。

由於宋朝政府積極發展對外貿易，阿拉伯、波斯等國的商人來中國經商的較之唐代更盛。回族先民們當時到中國經營的商品，分為香藥、犀象、珍寶三大類。其中，香藥是香料和藥品。犀象指犀角和象牙。珍寶，如珍珠、珊瑚、玳瑁、瑪瑙、琉璃等。宋人編著的《太平廣記》有好幾卷都記載了胡商從事珠寶商業，善於識寶的故事。

透過這些商業活動，回族先民們不僅自身獲得豐厚的利潤，而且對宋朝政府的財政產生重大影響，其稅收占政府全部收入的五分之一。[142] 在一個重農輕商的國度裡，商業活動能產生如此重大的作用，在中國歷代王朝中實屬罕見，這不能不歸功於回族先民們對中國商業經濟和社會發展所作出的傑出貢獻。

元代是回族先民商業經濟發展的鼎盛時期。由於回回在蒙元建國事業中做出的特殊貢獻，元代給回族這個正在形成的族群提供了良好的發展空間。回回商人的腳步遍及各大交通要沖和城市。元朝學者許有壬寫道，「我元始征西北各國，西域最先內附，故其大賈擅水陸利，天下名城巨邑必居其津要，專其膏腴」[143]。元朝政府發展和完善了驛站制度，交通便利。從元大都到各行省以及經河西走廊、新疆阿力麻裡、蒙古帝國古都和林到撒馬爾罕、布花剌、玉龍傑赤、伏爾加河流域的撒萊再經保加爾、克里米亞到巴格達和歐洲的古商道得到恢復重建，道路非常安全。同時，元

141　龔延明：《宋史職官志補正（增訂本）》，中華書局，2009 年。
142　白壽彝：《白壽彝民族宗教論集》，北京師範大學出版社，1992 年。
143　[元] 許有壬：《至正集》，北京圖書館出版社，2000 年。

第一節　古代回族商業

政府支持和發展對外貿易。商人們給蒙古貴族帶來世界各地的奇珍異寶，供其享樂，也在客觀上推動了世界各地的經濟文化交流和繁榮。所以在所有蒙古汗國中，商人們「享有榮譽地位」。特別是往來活躍於元帝國與諸蒙古汗國（兀魯思）之間的穆斯林商人，作為蒙古貴族的合夥人為其經營商業，稱之為「斡脫商人」（「斡脫」，蒙古語 or-tog 的意譯。突厥語作 ortaq，意為「合作」，專指與蒙古貴族合夥經營高利貸的官商）。他們擁有特權，得到蒙古貴族的特殊禮遇，往來有軍人護衛、驛馬接送。[144] 史載「回回商人持璽書，佩虎符，乘驛馬，明求珍異」[145]。

對於海上貿易，元政府實行更加開放的政策，命東南沿海各地的市舶司，「每歲招集舶商，於番邦博易珠翠香貨等物。及次年回機，依例抽解，然後聽其貨賣」[146]。同時，在海外貿易中也重用回回人。例如當時在泉州的對外貿易中，回回人蒲壽庚及其家族發揮了巨大的作用，「元之得與海外互市，壽庚與有力焉」[147]。

元代回回人經營的商品，首先是珠寶，服務對象主要是皇室和官府成員及顯貴。元代皇室和宗王貴族在重大慶典宴會上所用的納失失衣料，是一種產自波斯的繡金錦緞，由中亞商人運來中國。香料仍是元代回回人經營的主要商品之一，多從東南沿海各港口進入中國各地，除作為奢侈品供達官貴人享用外，部分還用於手工業的原料和藥品的配製。元代是回回醫藥學在中國發展的最盛時期，因此，經營藥材也成為回回商人一項重要的商業活動。此外，元代與人們的日常生活緊密相關的糧食、鹽、牲口等商品，回回商人也參與經營。

144　敏賢麟：《蒙古游牧文明與伊斯蘭文明的交匯》，宗教文化出版社，2010 年，第 99 頁。
145　[清] 畢沅：《續資治通鑒》，岳麓書社，2008 年。
146　王雷鳴編註：《歷代食貨志註釋》，農業出版社，1986 年。
147　（日）桑原騭藏著，陳裕菁譯：《蒲壽庚考》，中華書局，1954 年。

第九章　回族商業文化

　　明代，由於封建統治階級實行閉關鎖國政策，使東西方交通受阻，回族商人的海外貿易從此衰落下來。但以「大分散、小聚集」格局分布在中華大地上的回族，繼承和發揚了先民們的重商理念，回族商人從事的內地與邊疆貿易仍不減當年。這一時期參與商業活動的回族人範圍更廣，經營的商品種類更多，經商已與回族人的經濟生活密切連繫在一起。

　　這一時期比較有影響的是西北、西南地區的回族商業經濟活動。從洪武以來，明朝政府為了防備退居蒙古草原的北元鐵騎南侵，不斷加強軍備，多方儲備戰馬。在秦州（今天水，後被西寧取代）、漢中、河州（今甘肅臨夏）、洮州（今甘肅臨潭）設立「茶馬司」，專以南方各地出產的茶，交換西北草原各游牧部落（以藏族為主）出產的馬，進行茶馬貿易。在茶馬互市的貿易活動中，回族商人扮演了重要的角色，他們將茶、糧食、布帛等生活用品，販運到甘、青、川牧區，與藏族牧民進行交易。一時茶馬貿易在西北相當盛行，河州、西寧、洮州等地成為當時西北地區茶馬貿易中心和農牧產品的貿易集散地。在雲南，根據地形特點進行長短途運輸的回族馬幫運載商品到貴州、廣西、西藏，還來往於寮國、泰國、緬甸及印度等國。

　　此外，明代西域商人取道新疆吐魯番、哈密等地進入西北，乃至中原地區，使回族商業經濟增添了新內容。他們從西域將良馬、玉石等特產運往中原，再將中原的絲織品、茶葉及一些手工藝品運回西域或在西北邊地販賣。其商業活動的地域範圍由從傳統絲綢之路單純從事西域與中原的雙邊貿易發展到南至川滇黔桂、東到江浙閩贛等廣大的中國市場貿易。明代回族各種形式、各具特色的商業經濟，已成熟地表現為一個民族共同體的經濟特徵。

　　清代中葉以前的回族商業經濟，更多地表現在與回族群眾的生活相關聯以及社會需要的一些行業上，如飲食業、皮貨業、牛羊業、屠宰業、製

革業、販馬業、販賣山貨及油鹽米炭業等。這一方面與清代回族社會地位的下降有關。另一方面，隨著回族人口在中國各地的普遍增長和分布，實際生活中也需要這些行業的經營和發展。

清代西北地區的回藏貿易仍然是民間主要的商業活動，回族商人以茶葉、紅糖、白米、麵粉、布匹等日用商品，從藏區換取鹿茸、麝香、冬蟲夏草、野牲皮、羊毛、沙金等，轉而出售到中原各地，從中獲利。蘭州、河州、洮州、西寧、漢中等地在清代成為回商集結的重要茶葉轉口市場和集散地，陝甘回族在這項貿易中發揮著重要作用，對藏蒙地區和陝甘新疆地區各族人民的貿易交往作出了積極貢獻。

清代回族的邊疆貿易比較發達。居住在邊疆地區的回族，面對不同國家以不同的資源和商品，同鄰國進行商業貿易。雲南回族商人，或進入傣族、藏族、白族、彝族地區居住，或從大理、保山、騰沖到緬甸，或從德欽出發到拉薩、尼泊爾進入印度，或從思茅、普洱入西雙版納，再進入緬甸景棟、仰光，出海到印度及阿拉伯國家，延伸並擴大著「西南絲綢之路」。有些雲南回族商人還在緬甸、泰國設店開業，坐地經商，並形成一定的商業影響。東北黑龍江一帶的回族，與俄國也經常進行商業交易。其中販牛業最為發達，關內的部分回族也前往東北出入俄境，以菜牛向俄商換取金砂。西藏、新疆、蒙古地區的回族，也與周邊國家有商業貿易往來，促進了中國對外貿易的發展。清代，在北京和東南沿海及其他一些地區的大中城市，回族人仍保持著從事珠寶玉石業的傳統。富有特色的回族飲食業在中國更為普遍，多種經營和長短途販運的小本經營，在清代城鄉一般回族群眾的商業經濟中最具代表性，體現了回族整體上的亦農亦商特點。[148]

148　賴存理：《回族商業史》，中國商業出版社，1988 年。

第九章　回族商業文化

第二節　近代回族商業發展

　　鴉片戰爭後，西方列強用堅船利炮打開了封閉已久的國門，中國淪為半殖民地半封建社會。國貧民窮，有限的社會財力被西方國家透過不平等的貿易手段攫取，或被帝國主義列強作為戰爭賠款加以掠奪。再加上國內腐朽的反動統治階級的盤剝，中國民族資本主義經濟遭到毀滅性的打擊。回族傳統的商業經濟伴隨著國家走向衰弱的歷史脈搏，也日漸蕭條。

　　到了民國時期，回族商業經濟仍在艱難曲折中蹣跚前行，但傳統的玉石珠寶業基本上未能恢復起來。這時，回族商人經營的商品內容較雜，回族商業的行業比以往任何時代都大為擴展，商業經營的地域特色更加突出，回族商人和小販遍及城鄉各地。就經營者而言，既有極少數資本雄厚的富商大賈開設大型商號，更多的是本小利微或亦農亦商的小商小販。

　　1930 年代，河南開封回族經營的行業有：錢業、麵粉業、醬園業、旅館業、飯莊業、果店業、皮貨業、古玩業、洋貨業、雜貨業、影劇院業、中藥業、卷煙業、煤業、轉運業、花生業、糧業、服裝業、藥業、漁業等。即便是回族傳統的飲食業，在發展中門類也越來越細，並派生出與此業相關的手工工業或小工廠。

　　民國時期寧夏回族的商業貿易中，皮毛、皮革業是支柱行業，形成飼養、收購、加工和銷售的行業優勢。此外，回族經營的商品，主要有當地出產的甘草、髮菜、枸杞、糧食、油料、豆類、山貨、牛羊肉、清真食品、藥材、食鹽等；而從外地運進的商品有絲綢、布匹、成衣、海味、首飾、糖、菜、小農具、棉花、小五金、火柴、蠟燭、肥皂、毛巾、帽子等各類百貨以及回族生活中特需的湯瓶、吊罐、白帽、紅糖、拜氈、拜毯等等。在回族聚集的甘、青兩省，回族的商業貿易主要表現在皮毛和藏區土

特產的交易上。[149]

　　甘肅回族聚居的張家川地區，以皮毛、布匹集散市場馳名於西北各省，並在上海、天津、南京、漢口、成都等大商埠有一定的影響。地處甘南藏區的臨潭回族伊斯蘭教西道堂，在從事回藏商業貿易中具有一定的代表性。西道堂組織的商隊，足跡遍及甘肅、青海、四川、西藏等藏族牧區。「天興隆」商號在內地大城市和交通要沖設有分號，將藏區的藥材和畜產品運銷包頭、張家口、漢口、成都、北京、天津、上海等地，並將這些地區的布匹、綢緞、茶葉等運往藏區。「天興隆」商號也兼營林場、牧場。西道堂具有鮮明地域和民族特色的商業經濟，當時不但在甘肅、西北，乃至全中國回族商業界也有一定的影響。[150]

　　近代以來回族的商業經濟繼承了明清時期的傳統，在艱難困苦的環境中努力向前發展，逐步走上現代商業之路。近代回族商業的發展，對中國傳統經濟結構的平衡、社會福利的增進、各民族之間的融合及國際交流等造成積極作用。[151]

第三節　新時期的回族商業

　　中華人民共和國成立後，回族的傳統商業經濟得到了長足發展，特別是改革開放以來，回族人民善於經商的才能得以充分發揮，隨著一系列適合中國國情的新的經濟政策的實行，回族商業經濟得到迅速恢復和發展，呈現出空前繁榮的景象。

149　楊建新主編，閆麗娟著：《中國西北少數民族通史·民國卷》，民族出版社，2009 年。
150　《西道堂史料輯》，青海民族學院民族研究所，1987 年。
151　馬麗娟：《近代回族商業經濟的歷史貢獻及其作用》，《西北第二民族學院學報（哲學社會科學版）》2008 年第 5 期。

第九章　回族商業文化

　　以寧夏回族自治區、臨夏自治州和北京的商業經濟發展為例。寧夏回族自治區的商業貿易已發展成為周邊貿易、國內貿易和國際貿易三種形式。各種貿易的商品，一般以寧夏的土特產為基礎，輸出原料和粗加工產品，再從外界輸入當地群眾所需的各類生產資料和生活用品。寧夏與世界上 20 多個國家和地區建立了貿易往來。在自治區境內，商貿活動形成了一定規模，出現了有名的中心貿易市場，如同心縣的同心鎮商貿中心、銀南地區的吳忠商貿中心、平羅縣的寶豐商貿中心、靈武縣的淥河橋牛羊肉批發中心、固原縣的三營商貿中心等。

　　到 1993 年底，臨夏回族自治州已建起的各類綜合市場共有 109 個，上市的商品有 1 萬多種。穆斯林人口占 95% 以上的廣河縣三甲集鎮，被譽為「西北第一集」，目前已形成皮毛、茶葉、木材、糧食等專業市場，交易攤點達 1200 多處，吸引了中國國內 20 多個省、市、自治區的客商前來交易，年成交額達 1 億多元。回族經商者的足跡遍布全中國，商品交易到獨聯體中亞各國和港、台地區及阿拉伯國家，在新疆、雲南、西藏、蘭州等地，臨夏回族商人開闢出一個個新的市場基地或形成商業一條街。其他回族自治州、自治縣和回族鄉，也根據自身的經濟地理環境和傳統貿易優勢，根據現代商業經濟的要求，不斷發展、壯大著自己。

　　在大中城市居住的回族，商業經濟也發展很快，並形成一定的規模。到 1992 年，首都北京國營、集體與個體經營的清真飲食業已達 1123 家，清真食品和副食網點 1011 家，東來順、又一順、同和軒等 10 餘個清真老字號均已恢復和得以發展。1990 年 9 月，在王府井大街建成了具有濃郁的民族特色和阿拉伯風格的現代化大型綜合性商業服務企業 —— 北京穆斯林大廈，服務於國內外穆斯林兄弟和各界人士，開展同伊斯蘭世界的經貿往來。同時充分發揮自身的優勢，與中東、海灣國家開展經貿活動，取得

了一定的經濟效益。1993 年 6 月，在北京還舉辦了「1993 中國北京國際穆斯林經貿洽談會」，這是中國回族等穆斯林民族經貿界和其他經濟界人士與部門，同世界各伊斯蘭國家、東南亞國家和港澳臺發展經貿合作和科技交流的一次成功的盛會，同時也促進了回族商業經濟的外向型發展。[152]

元明以來，隨著回回民族共同體的形成，在伊斯蘭文化和中華傳統文化的共同滋養下，形成了具有民族特色的回族文化，建立了回族自己多元融通的哲學體系和倫理道德規範。也在與以漢族同胞為主的國內各族人民的商貿交往中建立了既具伊斯蘭文化內剛外和、昂揚向上，又有儒家文化中庸和平精神的回族商業文化。其思想精髓是推崇商業、吃苦耐勞、自強不息、誠實守信、公平交易、以德致富、濟人利世、服務社會。回族人民就是在這種商業價值觀的指導下，不畏艱險、行商天下，既活躍了各地的經濟，又給國家增加了稅收，同時也達到了發家致富、振興民族經濟的目的。回族先賢馬啟西曾經用一副對聯總結了回族商人們的理想信念和商業成就：

名實兼收，不獨潤身還潤屋。
經營具到，真能成己更成人。[153]

本章部分內容參考了張世海《中國回族暨伊斯蘭教研究》中回族商業研究的相關成果。[154]

152　姜歆：《中國回商》，寧夏人民出版社，2008 年。
153　馬通：《中國伊斯蘭教派門宦與制度史略》，寧夏人民出版社，1995 年第 2 版。
154　張世海：《中國回族暨伊斯蘭教研究》，甘肅民族出版社，2007 年。

第九章　回族商業文化

第十章　回族民俗禮儀

第十章　回族民俗禮儀

第一節　家庭和人生禮儀

家庭是人類社會發展到一定階段出現的、以婚姻為基礎、以血緣為紐帶，具有相對穩定性的社會基本組織形式，是人類社會的細胞。回族家庭結構與漢族大體一致，農村聚族而居，三世、四世同堂人家不少，祖父或父親作為一家之長，居於支配地位，教導子孫尊崇教門，遵紀守法，勤儉持家，睦鄰友好，保持穆斯林家風。回族家庭傳襲宗教信仰，主要透過「祖習相傳」的方式來完成。所謂「祖習」，就是伊斯蘭教的禮儀制度，以「父傳子受」的方式，因襲相承，要求家庭成員「恬守清真，世代繼承」，以「先世遺俗」為規範，守替不移。

一、家庭及社會倫理

中國歷代封建社會宣揚「三綱五常」，維護封建尊卑等級制度，作為調整人倫關係的基本原則。明清之際，回族學者根據伊斯蘭教的基本精神，吸收「三綱五常」思想，提出與「天道五功」並重的「人道五典」。

◇ **夫婦**：男女結成配偶，組織家庭，維護家庭的正常發展。回族提出「夫道」與「婦道」，明確夫妻的職責，要求在平等互助、相互尊重的基礎上，分司家庭的內外事務。「婦道」要求妻子對丈夫以「敬」，倘若丈夫有不法行為，必須婉言規勸，避免觸蹈法網，毀壞家庭的幸福。同時，妻子要潔身自好，與丈夫同甘共苦，「雖居貧困而不違禮，處患難而無怨尤」[155]。同時「夫道」要求丈夫愛妻以德、供養妻子、禁止有損害夫妻感情的言行，以使夫妻「歡洽和順、團結不離」[156]。

155　《天方典禮》卷十《五典》。
156　《天方典禮》卷十《五典》。

◇ **父子**：回族強調人為萬物之靈，所以父母育人之功勝於天地之育物。「天地代主育物，父母代主育人。父母鞠育，功較天地為勝」[157]。同時，要求父母對子女不可重男輕女，也不可因為子女的聰慧或愚拙而有所偏愛，要一視同仁，盡心撫育。「胎教於生前，禮教於幼習，學教於少知。」[158] 所謂「胎教」，要求母親妊娠期間，清心寡慾，陶冶性情。在子女的求學時期，作為父母即使生計艱難，也應為子女提供教育的機會，使他們成為有益於社會的人。最後，「男長為之娶，女長為之嫁」，便算是完成了「父道」。「子道」是以子女應對父母盡孝而言。儒家標榜「百善孝為先」，回族也把它提到天命的最高度。作為子女在孝養父母的同時，必須盡力幫助父母完成宗教功修的義務，使父母身後得以「脫離還報之苦，更享無量之福」[159]。父母倘有過失，子女必須婉言相勸諫，務使父母「無過」。父母之喪，不論貧富貴賤，一切量力而行，既不鋪張浪費，博取孝名，也不吝惜，一切按「禮法」行事。

◇ **君臣**：回族在中國封建社會同樣重視君臣之道。「君者，主之影。忠於君，即所以忠於主也。故賢臣事君，無時無事不以心致之於君」[160]。就是說君王代替真主治理天下，體現真主對下民的仁慈，無微不至，因此要求臣僚下民無保留地效忠君主。讚頌真主時，不忘為君主祈祝，服從君主的法令。「一時不心於君，即為不賢；一事不合於君，即為不忠。」[161]

---

157 《天方典禮》卷十一《父道》。
158 《天方典禮》卷十一《父道》。
159 王岱輿：《正教真詮》，寧夏人民出版社，1999年。
160 《天方典禮》卷十一《臣道》。
161 《天方典禮》卷十二《臣道》。

第十章　回族民俗禮儀

◇ **昆弟**：中國傳統的道德規範要求人們「正心、修身、齊家、治國」。透過自我修養，道德完備，足以為表率，才能搞好家庭成員的關係，進一步為「治國」作出貢獻，「齊家」就是在孝親的同時，主要協調家族兄弟輩的關係。伊斯蘭教嚴厲譴責兄弟失和，骨肉相殘，認為這都是自傷手足的不義行為。

◇ **朋友**：「朋友」關係，回族也給予應有的重視。因為，生養者是父母，教育者是師長，幫助完善德行者則是朋友。人們在世俗生活中必須慎重「交友之道」。

回族學者所提倡的這種「人道五典」倫理學說與中國封建社會意識形態是相協調的，得到了封建士大夫階級的讚賞，認為「其倫理綱常，猶似君臣、父子、夫婦、昆弟、朋友也。其修齊誠正，猶然孝弟忠信，禮義廉節……清真一教不偏不倚，直與中國聖人之教理同道合，而非異端曲說所可同語者矣」。[162]

在建設社會主義和諧社會的過程中，回族倫理要求當代回族穆斯林加強思想道德建設，處理好個人、家庭、社會的關係，做到夫妻相親相愛、父慈子孝、兄弟友愛互助、朋友誠實守信、鄰里友好相處，在社會上形成尊老愛幼、公平正義、和諧友睦的良好氛圍。

二、人生禮儀

一個穆斯林從他出生到亡故的整個人生過程中，家庭在其各生活階段都要舉行種種不同的儀式。在這些儀禮當中，都具有一定的宗教色彩。其中，生命前期主要有誕生禮、命名禮和割禮。

162　《天方典禮》卷首《鹿枯·天方禮經序》。

誕生禮

嬰兒降生後，父母或其他家人首先要在耳旁輕聲唸誦「邦克」詞。「邦克」是伊斯蘭教召喚穆斯林禮拜真主的招拜詞。伊斯蘭教承認父母對子女的人格形成具有決定性影響。作為父母的宗教義務，從嬰兒出生的第一天起，就要對他（她）施加正當的影響。在嬰兒的耳旁唸誦「邦克」，表示把他（她）喚到或引入伊斯蘭教正道。報牲也是穆斯林的一項誕生禮。嬰兒出生，穆斯林視為頭等大事，規定七日內舉行「報牲」儀禮，感贊真主的恩賜。舊時傳統的做法是，倘誕生男嬰，宰羊二只，女嬰宰羊一隻，誦經歡宴賓客。舉行「報牲」的同時，還要求為嬰兒剃髮，剃下胎髮過秤後，施散與胎髮重量均等的金或銀。富裕人家往往突破規定，「報牲」時宰牛羊甚至駱駝大宴賓客。貧寒之家則量力而行，請阿訇來唸經的同時，親朋好友也歡聚一堂，家裡也為嬰兒施散一些財物，表達心意。

命名禮

嬰兒出生後第三天或第七天，請教長或阿訇到家裡給嬰兒起宗教用名（也稱「經名」，俗稱回回名）。阿訇或教長先對著嬰兒低念大宣禮詞「邦克」，再念小宣禮詞「戈麥」（招呼詞），然後在嬰兒耳朵上吹一下（男左女右），意為嬰兒出生後，把他（她）從清真寺之外召喚到清真寺之內，從此成為一個穆斯林。儀式舉行後，擇取伊斯蘭教先知、聖人、賢哲的名字，如男性擇取爾撒、努海、阿里、尤素福、穆罕默德或侯賽因，女性則擇取法蒂瑪、阿伊莎、賽立麥或赫蒂徹，作為新生穆斯林的名字。

從唐五代時，就有回族先民採用漢族姓名制度，立姓起名。一個孩子稍長後，在經名之外，再給他（她）起一個漢文名字，作為世俗生活用名，這便是他（她）的正名（俗稱官名或學名）。正名也有極少數採取漢

阿合璧式，例如李爾裡、馬達伍德。李、馬是漢姓，爾裡、達伍德則是「經名」。近年，中國回族知名人士在漢名前冠以「經名」。如努爾·穆罕默德·達浦生、穆罕默德·阿里·張杰等。

割禮

　　割禮起源不詳。實行割禮的民族廣泛分布於世界各地，早期割禮普遍使用石刀而非金屬刀，由此可知其歷史悠久。作為一種傳統禮儀，割禮一般在青春期或青春期之前進行，有些阿拉伯民族則在臨近結婚之時進行。回族男性的割禮在幼童五歲至九歲時施行。這樣才符合教規對沐浴的要求，也可以預防陰莖發炎。

第二節　婚姻制度

　　婚姻不僅是每個人的終身大事，也是組成家庭的主要要素。回族認為，婚姻是一種嘉行，婚姻對於具有婚娶能力的每個回族男女是神聖的「天職」，是對人類生存繁衍的一項神聖的承諾，只要男女雙方成年，生理正常，相互自願，婚後生活可保無慮。作為父母和其他長輩，對於自己的下一代，保證男婚女嫁也是責無旁貸。婚姻是「真主之明命」，屬於穆斯林天職，終身不婚配，奉行「獨身絕欲」者，不為回族所贊同。

　　在長期封建社會中，回族由於受儒家倫理道德的影響，子女的婚姻基本服從「父母之命，媒妁之言」。婚儀也多與漢族相同，透過媒妁「問名」、「納定」、「納聘」、「請期」、「書婚」、「迎親」，直到「成禮」。與漢族婚儀不同之處，即在舉行婚禮時，一定要有經當地清真寺掌教證婚等一些宗教性儀式。

一、聘禮、彩禮和婚儀

聘禮，回族稱為「麥合爾」（阿拉伯語的音譯，意為聘金），即締結婚姻的男方向女方交納一定數量的禮物或錢幣。但它並不是有效條件，而是男方履行的一項義務。如果女方表示願意放棄聘金，婚約也可以成立。聘金的作用在於鞏固男女雙方的結合。同時，萬一女方一旦被遺棄，短時期內不至於衣食無著。

除聘金之外，男方需向女家交付彩禮、衣服、首飾以及各種饋贈等。另外，新娘進門後，新郎給她少量現金，仍稱為「麥合爾」，但它已經成為象徵性的了。

不論南方還是北方，回族在舉行婚禮時，邀請本坊阿訇舉行證婚儀式。阿訇念「尼客哈」（證婚詞）意思是：「萬能的主啊！感謝你的恩典，請你賜其兩人的婚姻全美。」新郎新娘則跪在鋪設的地席上「聽經」。阿訇唸完證婚詞後，用阿語問新郎：「你願意娶她嗎？」新郎回答說：「我願意娶她。」再問新娘：「你願意嫁他嗎？」新娘回答說：「我願意。」這就鄭重表示憑《可蘭經》作證，雙方同意結合，承認新婚夫婦是合法的。這是回族婚禮必不可少的一項內容。然後，便將桌上擺放的喜果——如核桃、花生、紅棗等撒於新婚夫婦身上，意即感謝真主賜結良緣。有些地方阿訇還要寫「伊札布」，類似結婚證書，發給男女雙方，各執一份。

二、離婚和改嫁

回族穆斯林尊重婦女離婚與再嫁的權益，認為「飲食男女，人之大欲存焉」，不可無情地抑制，因此，「正教之理，雖寡不宜獨守」[163]。但

163　[明] 王岱輿：《正教真詮・清真大學・希真正答》，寧夏人民出版社，1988 年。

是，回族也反對夫妻輕率離婚，「無子」、「惡疾」不列入休妻條件。夫妻感情一旦產生裂痕，不利於共同生活時，有關親屬就必須進行勸導，在經過調解依然沒有挽回餘地時，離異才可以提上日程。夫妻雙方直至最後決裂之前，有關方面仍須繼續挽救，做到仁至義盡。在過去，離婚如果是男方提出的話，贈付給女方的財物全部歸女方所有。

第三節　喪葬禮儀

　　不同的時代，不同的宗教，不同的民族，對於死亡的觀念各不相同，喪葬的方式和禮儀也有所差異。伊斯蘭教的前定觀、平等觀和「兩世吉慶」的思想直接決定著回族面對死亡時的態度。回族穆斯林都較早地接受了死亡教育，他們珍惜生命，努力生活，同時也能寧靜坦然地對待死亡，接受死亡，表現了較為完善的「生死觀」。回族穆斯林稱一個人去世為「歸真」、「歿」、「口喚」、「無常」，或以阿拉伯語稱之為「冒提」（意謂大限已到），而忌稱「死」，對死者不稱「死人」而稱「亡人」，對亡者遺體忌稱「屍體」而稱「埋體」。

　　一個回族人亡故，從他彌留之際開始，一直至其遺體埋葬後，都要舉行一系列的禮儀活動，形成了一套較完整的喪葬禮儀制度。而這些禮儀的形式，都是以薄葬、土葬、速葬為基本準則。

一、明醒「伊瑪尼」（信仰）、念「討白」和要「口喚」

　　回族穆斯林在身患重病或生命垂危時，最重要的就是對信仰的關懷。因此，病房內外必須保持肅靜，「息聲息，禁行走，男子之室，婦人不

入；婦人之室，男子不入，唯本生子女例外」[164]。在這一階段，主要的儀式有明醒「伊瑪尼」（信仰）、念「討白」和要「口喚」。

不能親自唸誦的，可由親人或別人代念。親人或阿訇會輕柔地提醒他心念「作證詞」，意在使彌留者明醒「伊瑪尼」的情況下離開這個世界，實現「魂有所歸」。

臨終討白是回族穆斯林最後必行的一種悔罪儀式。「討白」是阿拉伯語音譯，意為「悔過」、「悔罪」、「懺悔」。念「討白」時，阿訇和親人都在祈禱真主饒恕病人的罪過，要求病人懺悔和反省自己，同時勸慰病人，放下思想包袱，一心歸主，堅定他的信仰。

「口喚」是阿拉伯語音譯，有許可和命令的意思。回族穆斯林在病重時，都要與自己的親朋互要「口喚」，平時雙方如有口角、矛盾，甚至仇恨，此時要儘量談明原由，消除誤會和隔閡，互道「色倆目」，透過寬恕，撫平心靈、化解痛苦，減輕彼此的歉疚感，愉快地了斷往事，這對生者和亡者都有極大的益處。雙方如有債務問題，要嚴肅對待，妥善解決。如病人欠人債務，未能免除的，親人要迅速還清。

二、浴禮

一個回族穆斯林心臟停止跳動以後，要採取一系列措施。首先要瞑合亡人的雙目，清理髭鬚，理順手足，然後更換新衣或者洗淨的衣服（浴時仍須脫去）。再由三人共同緩動輕移，一人抱持頭部，一人抱持身軀，一人抱持雙足，將亡人置於屍床上。一般並無特別專設的屍床，長寬相宜的一塊門板或床板架在兩條木凳上即可。亡人停放時，頭北、足南、面西傾，以示朝向麥加克爾白，全身用白布單覆蓋。亡人必須停放在清潔的處

164　劉智：《天方典禮》，天津古籍出版社，1988 年。

所。然後舉行浴禮，為亡人沐浴潔身，俗稱洗「埋體」。

　　浴禮也就是為亡者作大小淨，與生者大同小異，原則上仍是以淨水淋浴全身。洗滌時，先沐其面、次臂、次足，乃浴上身，以一巾擦拭。代浴時，一人手持「湯瓶」（水壺）澆水，一人戴手套輕輕拭洗，不可直接以手觸摸亡者遺體，亡者臍以下至膝蓋，屬於「羞體」，必須用白布掩蓋，不可暴露。洗畢，拭乾，不必再修飾整容，不剃毛髮，婦女長髮可梳辮髻。

三、穿「克番」

　　「克番」係阿拉伯語的音譯，意即「包裹亡人遺體的單衾」。一般用白色布料粗縫製成。在特殊情況下，婦女的「克番」也可用有色布料，甚至可以使用絲綢。一般成年男亡人「克番」用三件，即大斂單、小斂單、襯衣；成年女人五件，除大小斂單、襯衣外，再加上蓋頭和圍裙。亡人是男童，用一件大斂單；亡人是女童，用大小斂單兩件。亡人至少須用一件「克番」包裹，長度從頭直至踝部，遮蓋整個身體，如不具備這個條件，可用亡人生前衣服洗淨代替。

　　浴禮畢，在另一床上鋪展大斂單，灑上樟腦、沉檀或麝香等香料，將小斂單鋪展其上，再將作為襯衣、蓋頭、圍裙的斂單鋪展其上，由三人將遺體移到「克番」布上，從頭至足用「克番」包裹。「克番」內層放置香料，既可以造成暫時防腐驅蟲作用，也可以稍慰生者對亡人的痛惜之意。

四、舉行殯禮

　　伊斯蘭教停喪以三日為限，越快越好，到時就要將亡人放在「榻拜提」（穆斯林抬屍用的綠色擔架）上，數人肩抬到清真寺，在那裡舉行殯禮。回族稱之為站「者那孜」（阿拉伯語音譯，意即「殯禮」）。這是生

者代替亡人在現世中所做的最後一次禮拜，感贊真主的寵召而脫塵歸真。同時，祈求真主慈憫亡人，赦免其一生罪孽，而賜享以永恆天園的幸福。

五、入土埋葬

回族的墳墓，統一規定是南北向，封土呈長方形，墓坑深五六尺，長六尺，寬三尺。墓坑底部從西側鑿穿洞穴（阿拉伯語「蘭哈德」），洞穴深三尺五寸，長約五尺五寸，高二尺五寸，上圓如弓背，下方平如弓弦。

埋葬時，墳坑上下，均由男性親人操持，若是婦人，則由父子或同胞兄弟操持，無父子兄弟，則請有德長者代理。而且要用布單遮蔽其墓穴。屍體出「榻拜提」，坑上四人，每人執布一端，放遺體入墳，墳內二人捧接，足先入。屍體的安置仍然頭北、足南、面西傾，以示朝向克爾白。然後解去束帶，揭開大斂，僅露其面，然後塞門，以土坯封砌穴口。實坑封土，即起造墓蓋。埋葬完畢，送葬的家屬和親友環墳跪坐，由阿訇誦讀《可蘭經》，為亡人祈禱。墳墓的墓蓋呈長方形，長約五六尺，寬兩三尺，高約二尺左右，頂層呈魚脊狀。

六、身後的紀念活動

父母等長輩亡故，作為子女既要求「慎終」── 按教規處理亡人亡故前後事務，也要求「追遠」，為亡人祈禱真主福佑，但並非「超度亡靈」。任何一個穆斯林辭世後，嚴禁為他設立靈位祭壇，也不以食物果品鮮花上供，不焚紙帛，不燃蠟燭，嚴禁音樂以及向亡人遺像默哀和膜拜，也不允許為表示哀痛而戕殘身體，而主要透過以下三種形式進行追念。

◇ **施捨財物**：亡人生前具備一定條件的，每年必須按經濟收入比例施捨「天課」，亡故之後，生者也必須根據亡人遺囑施捨財物，作為生前

第十章　回族民俗禮儀

罪愆的自覺「罰贖」，俗稱「伊斯嘎推」。按教律，亡人生前差欠一番拜功或一日齋戒，應以二斤半小麥施濟窮寒貧困者作為「罰贖」。照此類推，倘所欠甚多，財力不足，則應以家產三分之一施捨。實際生活中，富裕者多施濟，貧困者少施或不施，量力而行，不強求執行教法規定。

◇ **舉行「爾曼裡」**：紀念活動，誦唸《可蘭經》悼念「亡人」。從埋葬之日起，擇日舉行「爾曼裡」的追悼活動，宰牛羊備席，款待賓客，出散「乜貼」。

◇ **游墳**：「游墳」也稱「走墳」。亡人埋葬後，親屬自己或請阿訇在亡者週年、主麻日、穆斯林節日，上墳唸誦《可蘭經》。有些地區的穆斯林自亡人埋葬後，連續四十天為亡人走墳唸誦《可蘭經》。遊墳的意義，回族穆斯林學者認為於亡人、生人兩益。

回族社會中流行「助喪」的美德。居喪之家，一般三日內不舉炊，親戚鄰居饋送食物，表示對喪主不幸的同情和慰藉。弔唁時，不論貧富，向喪主致送「經儀」，作為助喪之資。出殯時，一般穆斯林不論與喪主家是否相識，視參加「殯禮」為自己的神聖職責。身強力壯者力爭抬送亡人遺體，體現友好互助的深厚感情。

第十一章　回族的飲食與服飾文化

第十一章　回族的飲食與服飾文化

第一節　豐富多彩的回族飲食

　　飲食與人們的生活、生命息息相關。不同民族和不同文化對飲食有「合義」與「不合義」的區別。根據伊斯蘭教義，食物也分為兩類：一類為「合法」（哈倆里）食物，即可食的食物；一類為「不合法」（哈拉目）食物，即禁止食用的食物。

一、「合法」的飲食與「不合法」的飲食

　　可食的肉類原則規定選擇食谷的禽鳥和食草的獸類。以飼養的家禽、家畜為主。至於棲山林而食谷和居洲渚而食水蟲的鳥類，也屬性良之類，可以食，但非「常食之物」。在食草獸類中還須選食有蹄的。駝、牛、羊、馬、騾、驢為「六畜」，雖係食草者，回族一般只選食前三類，從屬於馬立克教法學派的穆斯林則不禁食馬肉，視為「合法」。

　　至於植物中食物的選擇，以五穀 —— 稻、麥、稷、麻、豆為主食；五蔬 —— 蔬、瓜、苔、藻、原隰果為副食。至於獸類具有鉤爪鋸牙的，兇猛暴烈，性皆惡，都屬於禁食之列。果、瓜、藤實、藻實、土實等五果及植物，不論園藝或野生，其性足以戕生賊性者，危害身心健康者，都不食用。

　　可食動物列舉如下：

◇ **飼養的家畜家禽**：牛、羊、駝、雞、鴨、鵝……

◇ **山野所生而性良者**：兔、鹿、麋、獐之類（後三類似「牛蹄」者可食，似「豬蹄」者不可食）。

◇ **水產**：海裡的動物和食物，都可以食用，然而回族穆斯林日常生活中，仍普遍以魚、蝦為主，同時，某些回族對「形態醜陋」的海參、鱔魚、蟹之類亦忌食。

◇ **飛行之物**：鴿、野鴨、谷雀、天鵝、大雁……

與合法的飲食相對，回族也規定了嚴格的禁食。回族穆斯林根據《可蘭經》中規定：禁食範圍主要有以下幾方面：

◇ **禁食血液**：伊斯蘭教認為「血氣者，嗜欲之母也。」[165] 動物的血液有害於人性，故不可食。可食動物必須經過宰殺，排盡血液，「嗜欲之性」消失，體質變為純潔，才能食用。同時，宰殺可食動物，還使用斷喉法宰殺，認為如此才能排盡血液。倘用其他方法宰殺的，也屬於「不合法」的食物。

◇ **禁食自死的禽畜**：任何禽畜未經宰殺而自死者屬於「不合法」食物。因為動物死亡，一般由於傷病、中毒、衰老或其他原因，本身肉質已趨於腐敗，體內潛伏各種細菌病毒，食則損害人體健康。同時，自死動物血液已凝結於體內，不易排盡。凡掐死、打死、摔死、撞死的動物，以及野獸吃剩下的動物殘體，未經斷喉之法宰殺，血液未能排盡，所以也屬於「不合法」食物。此外，凡獵取山野鳥獸，每當付諸行動之前，必須依照宰殺條例，唸誦真主之名，並且獵物既死，必須肉破血流，始可食。否則，也屬於「不合法」的食物。至於畜禽野獸（屬於可食範圍者）倘被槍炮擊斃，或被縱火焚死者，即使唸誦真主之名，具備「明證」，也不可食。因為，凡獵物被火器擊斃，體內血液凝結而不外流，即使傷口有血出，只是局部的血，而非全體的血。同時，火傷而斃命，體內必有火毒，於人體危害極大，所以斷不可食。凡列入禁戒的禽、畜、獸，其肉脂雖不可食用，但羽、革、角、皮毛可以使用，也可以進行交易。飼養的驢騾等畜，不可食，將死可

165　《天方典禮擇要解》卷十七。

以宰殺而出售。自死動物的皮革，必須加工硝制，改變其質地，便算「潔淨」，裘皮可以穿戴或作其他用途。

◇ **禁食不以真主之名宰殺的禽獸**：伊斯蘭教認為一切生物的產生，屬於真主所造化，當宰殺禽畜之際，人們必須以奉真主之名而屠宰，表示稟告真主。因此，屠宰可食禽畜，操刀人必須是穆斯林，宰殺禽畜時，必須唸誦真主的尊名，即以真主的名義宰殺，否則屬於「非禮妄殺」，定性為穢物。至於水產魚類，自死漂浮於水面的魚屬於合法的食物。

◇ **關於禁豬的問題**：禁豬，是伊斯蘭教關於飲食中的禁律之一，在中國已成為回族、東鄉、撒拉、保安等各族穆斯林顯著的民族代表。對於禁豬問題非常敏感和突出，不僅禁食，而且對這種牲畜非常忌諱。

回族禁豬，源自古阿拉伯人的習俗。西元前 5 世紀，到過古埃及的希臘歷史學家希羅多德在其鴻篇巨製《歷史》一書中講述了古埃及人的習俗中關於禁豬的內容。

《可蘭經》明確規定自死物、血液、豬肉，以及非誦真主之名而宰殺的、勒死的、捶死的、跌死的、抵死的及野獸吃剩的動物均為禁食之物。回族穆斯林不但絕對禁食豬肉，同時，也禁養豬，或營運生利，甚至對豬肉之類沾染、觸摸也視為大忌，絕對禁止。

◇ **禁酒禁菸**：古代阿拉伯人素有飲酒的習慣，在伊斯蘭教初傳時期，也沒有嚴加禁酒，後因聖門弟子酒後禮拜、讀錯經文，敗壞功修，於是真主頒降經文，嚴禁飲酒。如：「魔鬼唯願你們因飲酒和賭博而互相仇恨，並阻止你紀念真主和謹守拜功，你們將戒除（飲酒和賭博）嗎。」。回族穆斯林學者同樣，強調酒是一切災禍的根源，危害很大。「聖人不欲人因口腹而亂大事，是以痛切禁之也。」[166]

166　劉智：《天方典禮》，天津古籍出版社，1988 年。

吸菸在阿拉伯世界並不少見。穆斯林吸菸者認為在教律上不算犯罪，僅屬於「麥克魯哈」，即一種憎惡的行為。回族穆斯林卻有不同的看法，有的甚至定性吸菸為「哈拉目」，屬於禁食的範圍。理由在於吸菸是「無益的浪費」，必然會由「麥克魯哈」轉化為「哈拉目」。

至於吸食鴉片、嗎啡、海洛因、大麻之類毒品，不但為伊斯蘭教法所嚴禁，也為國家法律所不容，是嚴重的犯罪行為。

禁用食物具體如下：

◇ **慣於叼搶的猛禽**：鷹、鵰、梟、鷲……

◇ **暴烈殘酷的凶獸**：虎、豹、狼、熊、狐……

◇ **形異於常者**：鱉、蟮、蛇、蟒、刺猬……

◇ **汙穢不堪者**：犬、豕……

◇ **亂群而生者**：驢、騾……

◇ **半途而化者**：貓、鼠……

二、回族飲食的特點

回族飲食（又稱清真飲食）以其獨特性屹立於中華飲食之林，顯示著勃勃生機，具體表現在以下幾個方面：第一，回族的飲食業歷史悠久且信譽不衰。元人《居家必用事類全集》卷十收有《回回食品》，記載了 10 餘種回回食品的製作方法。[167] 元代宮廷食譜《飲膳正要》中也收有河西米粉湯、蒸羊等清真食品。[168] 清真全席在清朝名列宮廷大宴，馳名京城。第二，回族飲食業分工精細、品種豐富，各有特色。回族飲食業經過一千年的發展，已成為一個品種繁多，技法精湛、風味多樣的龐大飲食體系。回

167　〔元〕佚名撰：《居家必用事類全集》，上海古籍出版社，1996 年。
168　〔元〕忽思慧：《飲膳正要》，中央民族大學出版社，2009 年。

第十一章　回族的飲食與服飾文化

族的糕點、茶行、清真飯店多有世代相傳的絕活祕笈。第三，回族從事飲食業的人數眾多，而且清真飲食業多集中於交通要沖和城鎮，衛生好、夠檔次，便於接待各行業、各階層的顧客，市場前景好，在中國食壇擁有舉足輕重的地位。

三、回族飲食的種類和地域特色

　　隨著社會經濟的發展，回族人民的生活水平有了很大的提高，特別是以回族人民為主體的清真餐飲業的迅速發展，更為豐富回族和各兄弟民族人民的飲食生活提供了物質條件。以西安為例，早餐的飲食市場遍及回坊的四面八方，大街小巷都有品種豐富的清真飲食攤點。人們的早餐絕大多數也都在街上吃，較普遍的有牛羊肉泡饃、水盆羊肉、水盆雜羔、臘牛羊肉夾饃、肉丸胡辣湯、豆漿油條、麻花油茶、油餅稀飯小菜、水煎包子、肉油飯、疙瘩油茶、滷汁涼粉、油糕、甑粒、豆腐腦、江米糕、菜盒子、肉盒子等等。午飯一般也較豐富，除上述的牛羊肉泡饃、水盆羊肉外，餐館裡最熱門的就是麵條，有牛肉麵、各種手工面、拉條子、涼皮、灌湯包子等等，吃炒菜的人也很多。晚飯一般都是在家吃，還是以麵食為主，不少年輕人喜歡吃炒菜米飯。

　　西北地區農村的回族飲食，最有特色者當屬民間宴席。「九碗三行」就是回族的正宗宴席，一般在舉辦婚喪禮儀活動中，多用這種宴席招待眾多的客人及親屬。「九碗三行」是指上九碗菜，俗稱「八菜一湯」，每碗大小相同，排列成每邊三碗的正方形，無論從哪個角度看，都成三行，故稱「九碗三行」。這種宴席不僅擺法有講究，上菜也有說法，通常是先在桌子的四個角擺上肉菜，稱之為「角肉」；然後上四邊的菜，其中相對的兩碗，名稱要對應，稱為「門子」，「門子」菜就是菜名一樣，而原料

可以有所不同，比如東面是「丸子」，那麼西邊的菜也必須是「丸子」，但一邊可以用牛肉，另一邊則用羊肉，還可以放雞蛋、木耳等原料以示區別；最後上中間那碗菜，一般放涼菜，講究些的中間放火鍋。「九碗三行」的菜都不用油炸，而是採用蒸、煮、拌等烹調方法，原料以牛羊雞鴨魚肉及白菜、豆腐、粉條、木耳、黃花、雞蛋、蔥花、辣子和其他蔬菜。這種席的主食是花捲、饃饃、米飯等。客人入席後，先倒茶，再擺放乾果碟子，一般是五六碟，多者十幾碟，如葵花籽、花生、水果糖、紅棗、核桃、蘋果、饊子、小麻花、油果等等，稍吃些後，即上「九碗三行」的菜。由於這種宴席的菜都不過油，選料精細，所以吃起來爽口不膩，自有一番風味。

回族飲食業中著名的老字號飯店和品牌菜比較多。西安有牛羊肉泡饃，牛羊肉泡饃傳統上有一套煮肉、烙饃、選料、烹製、泡饃的工藝，按此工藝做出的牛羊肉泡饃肉酥湯鮮、營養豐富。西安最有名的牛羊肉泡饃館在解放前有一閒樓，「西安事變」期間楊虎城在此接待過周恩來、葉劍英等人。此外，西安著名的清真名菜館有天錫樓，1900 年慈禧太后西狩西安時，曾在此用過膳。改革開放以來西安著名的牛羊肉泡饃館有「老孫家牛羊肉泡饃館」。

在蘭州，清真飲食業成為整個飲食業的龍頭，其中蘭州牛肉麵以一紅（辣子）、二綠（蔥、蒜苗）、三白（麵條）和湯鮮味美、營養豐富享譽中外。改革開放以來蘭州著名的牛肉麵館有馬子祿牛肉麵館、金鼎牛肉麵館等。著名的清真飯店有明德宮、馬忠華手抓、雲峰等，雖各有自己的品牌菜，但普遍以手抓羊肉見長。

北京著名的老字號清真飯店有東來順、西來順、兩益順、同和軒、一畝園等，其中東來順以涮羊肉見長，西來順以「扒海洋魚翅」名聞天下。

第十一章　回族的飲食與服飾文化

南京清真名吃首推板鴨。著名的清真菜館有老寶興、馬祥興等。銀川以清蒸羊肉、羊肉燜肚飯等美味佳餚著名。

回族飲食生活具有鮮明的特點

一是主食中麵食多於米食。麵食是回族人民的傳統主食，品種多，花樣新，味道香，技術精，顯示了回族人民的聰明才智。據統計，回族飲食中，麵食品種達60%多。拉麵、饊子、餄餎、長麵、麻食、餛飩、油茶、鍋饋等等，經過回族人的製作，都會成為待客的美味佳品，甚至外國人也是一吃為快，好不留戀。

二是回族飲食生活中，甜食占有一定的地位，這和阿拉伯穆斯林喜歡吃甜食有一定的淵源關係。阿拉伯穆斯林婦女生下小孩後，用蜜汁或椰棗抹入嬰兒口中，才開始哺乳；寧夏回族嬰兒出生後，也有用紅糖開口之俗。回族著名菜餚中，有不少是甜菜，如炸羊尾、糖醋里脊等。米麵中的甜食就更多了，如涼糕、切糕、八寶甜盤子、甜麻花、糖包、甜饊子、糍糕、江米糕、柿子餅等，甘肅、寧夏回族還把穆斯林的傳統美食油香做成了甜食，調製麵糰時，給裡邊加入蜂蜜、紅糖等。

三是回族特別喜愛吃牛羊肉。以羊為例，性情溫順，自身潔淨，其肉美味可口，同時還對身體有滋補食療作用。羊肉成分中含蛋白質、脂肪、維生素及鈣、磷、鐵等礦物質。經常食用羊肉，可以開胃健脾，散寒助陽，益腎補虛。

四是回族人民非常重視學習吸收兄弟民族的烹調經驗。幾百年來，回族與漢族等兄弟民族和諧相處，生息與共，引進了很多飲食品種，例如餃子、饅頭、粽子、元宵、月餅等。回族在製作這些品種時，絕不是完全照搬，而是創造性地加以改進，例如餃子，不僅僅是將漢族餃子改成清真餃

子，而是在佐料、作法，甚至吃法上都進行變革，其中的酸湯餃子就是回族的一大發明。

（以上部分內容摘自白劍波編著的《清真飲食文化》）

回族的茶文化 [169]

回族喜歡飲茶。早期回族穆斯林喜吃甜食，在中國茶文化影響下，形成了以甜味為特色的飲茶習慣。飲茶之風興起於中國晉代，盛於唐以後，隨之而出現了茶具，其中以包括茶托、茶碗、碗蓋的「三坯胎」蓋碗，美觀實用。回族繼承發展了這種茶文化，形成了以「三炮台」為茶具的「八寶蓋碗茶」：在茶具中放入茶葉（茉莉花茶、陝青茶、紅磚茶、窩窩茶、毛尖等）、糖（白糖、紅糖、冰糖、梨膏糖等）及紅棗、核桃仁、桂圓肉、芝麻、葡萄乾、枸杞（或柿餅、山楂、薑片、果乾）等配料，用開水沖制後飲用。茶葉及配料在不同的地區、不同的季節，根據飲茶者的經濟與身體狀況及喜好有不同的搭配，如「紅糖磚茶」、「冰糖陝青茶」、「三香茶」（茶葉、糖、桂圓）、「白四品」（陝青茶、白糖、柿餅、紅棗）。[170]

「紅四品」（磚茶、紅糖、紅棗、果乾）、「五味茶」（綠茶、山楂、芝麻、薑片）等具有生津解渴、開胃健脾的作用，放入不同的茶料，又具有不同的健身功能。寧夏的西海固山區，農村回族多喝「罐罐茶」，即用黑砂罐、瓷缸或白鐵皮罐，放入磚茶或陝青茶，倒入涼水放在火上熬製，味略苦，有助消化，且能提神。

甘肅甘南、青海回族喜喝奶茶，這與他們跟蒙古族、藏族的密切交往有關。回族中還有一類稱作「茶」的流食，由於回族有自己的飲食禁忌習

169　[元]忽思慧：《飲膳正要》，中央民族大學出版社，2009年。
170　王正偉：《回族民俗學概論》，寧夏人民出版社，1999年。

俗，出遠門旅行或經商途中，就存在著飲食不便的問題。在長期的生活實踐中他們發明了可用開水沖食的「油麵茶」和「油茶」。油茶與油麵茶的區別是放入羊油或酥油炒肉末，與面混合成塊，食用時用水熬製即可。油麵茶是將麵粉焙熟至發黃，另用清油加蔥、薑、鹽炒些牛羊肉末，涼後拌在一起，外出途中用開水沖制後即可食用。

如今，回族在吸收中國傳統烹調文化精髓並加以創造性發展後在中國商業領域取得了一席之地，獲得了各民族的歡迎。一些老字號的清真飯莊煥發了青春，發展成為大飯店。清真大菜系已發展到將近 300 個品種。清真糕點也已成為人們節日、祝壽、慶賀、探親訪友的禮節性食品。另外，作為回族清真食品新種類的清真奶食品系列正在大規模地發展，成為回族飲食文化走向市場的又一精彩篇章。

第二節　回族服飾文化

《新唐書》第一次記載了回族先民的形象和服飾。「大食本波斯之地，男子鼻高，面黑而髯，女子白皙，出門障面，繫銀帶，佩銀刀……」[171]。《萍洲可談》中載：「廣州蕃坊，蕃人衣裳與華異……」[172]，從這些記載可以看出，中西亞一帶來華的回族先民的服飾打扮是很有特色的。元代，回族人的服飾習俗和其他習俗一樣，都是自由的，沒有任何限制。有著漢族服裝的，有穿古波斯、中亞突厥各族、阿拉伯等民族樣式的，有自制的白帽、頭巾和長袍、鞋等，逐步開始向民族服裝發展。

到了明代，回族人的服飾習俗就開始受到限制。明太祖朱元璋建國

171　[宋] 歐陽修：《新唐書》，中華書局，2003 年。
172　[宋] 陳師道：《後山談叢·萍洲可談》，上海古籍出版社，1989 年。

後，採取禁止「胡服」的政策，這樣，回族開始以漢族服飾為標準。此後，回族在衣飾上和漢族同步發展，但也保留了一些宗教和民族特點。

回族的服飾除了起保護身體和裝飾的作用，還具有信仰的因素。回族人去清真寺或過民族節日，須穿上具有本民族特色的服裝，這構成了回族服飾的民俗特點。

回族的服飾，根據性別形成了男子服飾和女子服飾，且男女服飾區別很大。根據年齡形成幼兒服飾、成年服飾和老年服飾；回族女性服飾分未婚服飾、已婚中年服飾和已婚老年服飾；根據地區和季節、職業形成不同的服飾。

一、回族男子服飾

回族男子愛戴白色的無檐兒圓帽，稱「號帽」、「巴巴帽」或「禮拜帽」等。禮拜時戴，平時也戴，以白布做成，這種風俗源於阿拉伯地區。甘肅、青海等地的回族，平時在家還愛戴白色無檐針織套花軟圓帽，這種帽帶有簡單幾何圖案或綴有素色花邊，輕盈、美觀。「號帽」也有黑、棕、藍等顏色，冬天尤受青睞。

回族白帽具有多重功能。一、回族白帽是一種具有鮮明民族性、地域性的日常服飾標誌。二、在宗教活動比如禮拜、聚禮等場合必須頭戴白帽或戴「戴斯塔爾」。三、回族在參加喪禮時，也是頭戴白帽，以示莊重。

老人及宗教職業者特別是阿訇，禮拜時，除戴號帽外，還要纏「戴斯塔爾」。「戴斯塔爾」長度一般為 9 尺或 12 尺。纏頭時有許多講究，前面只能纏到前額髮際處，不能把前額纏到裡面，纏巾的一端要留出一肘長吊在背心後，另一端纏完後壓至後腦勺纏巾層裡。「戴斯塔爾」多用有色的布料或緞料、紗料製成，莊重大方。

179

第十一章　回族的飲食與服飾文化

回族的服飾文化還鮮明地表現出地域的多樣性特點來。如福建泉州一帶回民愛在白色小圓帽或黑、綠、藍等色六瓣尖頂帽中，用金黃色繡花線刺繡阿拉伯字經文「真主至大」；有的刺繡「清真言」，即「萬物非主，唯有真主，穆罕默德是真主的使者」；並在帽子周圍，刺繡著美觀的花紋。北京一帶的回民，愛在白色的小圓帽頂上，用綠色繡線刺繡阿拉伯經文或清真言，綴以細細的曲線圈，淡雅、秀氣，又很莊重。西藏拉薩的回族男子，多戴無檐兒的白帽或黑帽，也有人戴土耳其式的黑穗子紅呢帽。回族中青年男子愛穿白色對襟褂子，外套黑色夾棉的對襟坎肩，所謂「白汗褡，青夾夾」，乾淨俐落，便於勞動。老人及宗教職業者喜歡穿直領對襟大衣，或翻領對襟、直領斜襟大衣，禮拜時尤其如此，稱作「準拜」，即禮拜服。

乃賽海襪，亦稱乃賽襪子，是北方回族老人冬天穿的一種皮製襪子。「乃賽海」意為皮襪子，一般用軟、薄的牛皮製成，潔淨光亮，結實耐用。過去麥賽海襪子都是自己縫製，現在有些地方有專門加工乃賽襪子的工廠。

坎肩是回族男女都喜歡穿著的服飾，特別是回族男子在各種顏色的襯衫外套一件適體的對襟青色坎肩，顯得清新、乾淨、文雅，也有很多帶有精美花紋圖案的坎肩，穿在身上給人很俐落、幹練的感覺。不同的季節穿不同的坎肩，有夾的、棉的，還有皮的。既可當外套，又可穿在裡面。回族有尚武習俗，穿上坎肩，挽袖子洗手、洗臉、幹活、習武，既方便又保暖。

二、回族女子服飾

蓋頭是穆斯林婦女特有的普通穿戴，回族婦女也一樣披戴蓋頭。蓋頭通常有綠、青、白三種顏色，質地以絲綢為主，上嵌有金邊，繡風格素雅的花草圖案，看上去清新、秀麗、明快、悅目。如今隨著時代的發展，有

些青年回族女性的蓋頭也有了一些樣式、色彩上的變化，顯得更加活潑和大方。

　　回族女子愛戴絲、綢或「喬其紗」細料製成的頭巾，耳朵、頭髮、脖子都遮在裡面，從頭頂披至肩上。一般是未婚姑娘戴綠色頭巾，象徵著青春；中年或已婚年輕婦女披戴黑色頭巾，象徵純潔、美麗；老年婦女為白色蓋頭或頭巾，象徵持重。如今許多婦女的蓋頭或頭巾選用精美的料子做成，以有花紋的輕紗為美，昔日的宗教色彩已被裝飾趣味所取代，尤其是年輕女子，戴著綠色的蓋頭或頭巾，顯得清俊、秀麗。

　　回族婦女的傳統衣服一般都是以大襟旗袍為主（不同於內地漢族婦女的旗袍，有袖、開衩很低），裝飾內容卻很豐富。少女和媳婦很喜歡在衣服上嵌線、鑲色、滾邊等；有的還在衣服的前胸、前襟處繡花，色彩鮮豔，形象逼真，造成畫龍點睛的作用。回族女裝都是右邊扣紐子，紐子是自己用料子製作的。

　　傳統回族女子喜歡在鞋頭上繡花。襪子主要講究遛跟和襪底，遛跟襪大都繡花，襪底多製成各種幾何圖案，也有繡花的。

　　回族婦女喜歡戴首飾。大部分回族女子從小就要扎耳洞，七八歲時戴耳環；同時，還喜歡戴戒指、手鐲，有的還點額。回族稱鳳仙花為「海娜」，係鳳仙花的阿拉伯語稱呼，回族女性喜歡用鳳仙花染指甲。已婚婦女還要經常開臉，顯得清秀、乾淨。回族戴戒指的講究與中國漢族的講究基本相同：戴無名指上表示已婚，戴中指上表示沒有對象，戴小拇指上表示已有對象還未結婚。

　　回族婦女的服裝講求寬、鬆、大、肥，如素花襟旗袍等。新疆、甘肅一帶的老年婦女要扎褲腳，北京、新疆的回民老太太還穿一種半大褂子，比上衣長，比旗袍短，長及膝蓋，是從滿族服裝借鑑而來的。婦女的服裝

第十一章　回族的飲食與服飾文化

以素色、灰色、黑色等為準，以不露臂和腿為度。如今人們更愛穿五顏六色的服飾，追求新穎、別緻，色彩多樣，富有時代氣息。女子到結婚時，更是披紅著彩，熱烈大方，洋溢著青春之美，分外動人。

由於回族散處全中國，植根於不同地域、歷史的沃土之中，又成長在漢族和各民族相互交融的文化氛圍之內，所以不少地區回族婦女服飾有自己的特點，呈現多樣化的發展。如福建泉州一帶的回族婦女綴有不同的耳飾。西藏拉薩的回族婦女，與當地藏族婦女的服飾大致相同，不過樸素一些，不戴佛教色彩的裝飾品。雲南西雙版納的傣鄉回族婦女，服飾完全與傣族相同。新疆伊寧一帶的回族婦女，也與當地的維吾爾族、烏茲別克族婦女一樣。

隨著社會發展，回族的服飾較之中華人民共和國成立前和成立後的五六十年代有了很大變化。特別是居住在城市裡的青年男女，穿戴打扮豐富多樣。回族傳統的服飾文化既面臨著如何很好地保存沿襲的問題，同時如何根據時代、面向未來進行開發和創新，也是回族服飾文化面臨的一個時代性挑戰。

第十二章　回族愛國主義活動史

第十二章　回族愛國主義活動史

　　回族是一個具有強烈愛國主義思想的民族。回族愛國主義思想有深刻的文化和歷史淵源。一是伊斯蘭文化中所包含的愛國傳統。《可蘭經》和「聖訓」強調穆斯林要有愛國的精神和思想情懷，強調愛國是穆斯林應盡的神聖義務。先知穆罕默德說過，「愛國是信仰的一部分」。他還告誡廣大穆斯林，「你們當像鳥兒眷戀自己的窩巢一樣熱愛祖國」。因此，每當祖國處在危難關頭，回族群眾能夠超越自身的苦難和恩怨，一致對外，共赴國難。二是中華傳統文化中的愛國主義思想。回族作為中華民族的一員，與漢族等兄弟民族世代交錯雜居，飽受中華傳統文化的滋養和薰陶，中華傳統文化中天下興亡、匹夫有責的思想，教育了一代又一代的回族人民，熱愛祖國、忠誠於中華民族的愛國理念，已經昇華為回族人民的民族精神。「保國即是保教、愛國即是愛身」已成為回族人民愛國主義思想的具體寫照。[173]

第一節　清代回族抗擊列強侵略的鬥爭

　　19 世紀上半葉，英國的堅船利炮打開了國門，向中國大量輸入鴉片，最終導致 1840 年中英鴉片戰爭的爆發。鴉片戰爭失敗後，西方列強迫使清政府與其締結了一系列不平等條約，中國也自此逐步淪為半殖民地半封建社會。同時，清政府政治上愈加腐敗，民族矛盾激化，帝國主義的經濟、文化侵略加重，致使國家面臨覆滅的命運，民眾處於水深火熱之中。為了維護國家獨立和民族尊嚴，正在覺醒的中華民族投入到長達百年的反抗外來侵略的偉大鬥爭之中。回族人民積極參加了這場保家衛國的鬥爭，表現出了頑強鬥志和英勇犧牲的精神，湧現出了一批又一批的愛國志士，譜寫了一篇篇動人心弦的愛國主義詩篇。

173　《正宗愛國報》1912 年 1 月 6 日。

一、鴉片戰爭中的回族志士

伍長華湖北率先禁煙

伍長華（1779-1842年），字實生，別號雲卿，江蘇上元縣（今南京）人，祖籍撒馬爾罕，祖上曾「舍宅為寺，額曰『清真』」[174]。清嘉慶十八年（1813年）以撥貢赴江南鄉試，中舉人，第二年獲廷試第三，得探花，授職翰林院編修，時人稱為「回回探花」。歷任浙江主考、廣東學政、廣東鹽運使、甘肅按察使、雲南布政使、湖北巡撫、湖廣總督等職。

道光十八年（1838年），伍長華升任湖北巡撫，受命於危難之時。面對鴉片造成的家破人亡、妻離子散的人間悲劇，伍長華痛心疾首，堅決主張嚴禁鴉片。這一主張和時任湖廣總督林則徐在禁煙抗英方面的認識不謀而合，成為當時朝野上下禁煙派的代表人物。到湖北後，伍長華首先在湖廣地區展開了大規模的禁煙運動，並與林則徐聯手，共謀禁煙大計。在一個月內兩人會晤多達13次。他們共同發布禁煙布告，曉諭百姓嚴禁吸食鴉片，並搜繳鴉片、煙槍，厲行禁煙。據記載：「（九月）初十日，早晨赴校場，同撫軍率屬查驗搜繳鴉片煙槍一千七百五十四桿，並煙斗、煙具，俱槌碎禁毀。又秤驗所獲煙土、煙膏共一萬六千七百六十八兩，江夏獲者先投江心，漢陽獲者暫貯藩庫。」[175] 此次銷煙比虎門銷煙早約半年，贏得了民心，受到了道光皇帝的讚譽。在朝野上下強烈呼籲禁煙的形勢下，道光皇帝終於下決心懲辦鴉片走私行為，遂召見林則徐，授職欽差大臣，前往廣州查辦鴉片。伍長華兼署湖廣總督，繼續推進禁煙運動。

174　轉引自金吉堂《敕賜清真寺的五百年》（李興華、馮今源編：《中國伊斯蘭教史參考資料選編》，寧夏人民出版社，1985年）。

175　《林則徐日記集》，中華書局，1962年。

第十二章　回族愛國主義活動史

馬辰廣州禁煙抗英

馬辰，生於 1784 年，卒年不詳，又名馬光照，字雲驤，安徽懷寧人。曾任湖南撫標右營游擊，道光十九年（1839 年）遭人誣陷被「革職回籍」。林則徐授職欽差大臣後，路過安徽時，發現了「素諳武備」、「精力甚強」的馬辰。得馬辰，林則徐如添左膀右臂，即刻命令他「兼程先赴海口，代訪夷情」。林則徐至廣州，又多次派遣馬辰往返於澳門、廣州等地之間，「偵探夷情，查訪漢奸，皆能周詳甚密」。禁煙運動開始後，馬辰又積極參與，「收繳熔化煙土二萬餘箱，晝夜稽查，不辭勞瘁」。[176]

虎門銷煙後，英國駐廣州商務監督查理 · 義律竭力製造事端，為發動侵華戰爭製造藉口。林則徐派馬辰等人積極練兵備戰。期間，英國兵船多次進犯，馬辰等「旬日之內大小接戰六次，俱係全勝」[177]。道光二十一年（1841 年）正月，馬辰帶水勇與盧麟、黃琮、楊雄分四路攻擊長沙灣之敵，焚燬敵船 33 艘，「奸民焚死縛獻有差」。林則徐大悅，以為「此次燒燬敵艇，甚為痛快。不獨寒奸之心，亦已落頑夷之膽矣」。[178] 同年四月，英國武裝挑釁日益頻繁，關天培令副將李賢與馬辰分帶兵勇 400 餘名，暗伏島澳進行防堵。兩人先後火攻焚燬載有煙箱夷船 1 艘，大小敵艇 11 艘。馬辰在禁煙抗英鬥爭中盡職盡責、奮力剿防、英勇殺敵，受到了林則徐的充分肯定。他在道光二十年、二十一年（1840 年、1841 年）兩年中，先後三次奏請起用、褒獎馬辰。認為他「收繳躉船鴉片以迄毀化竣事，皆任其勞」，「周曆官湧、東湧，奮力剿防，屢經獲勝」；多次「親赴外洋剿夷獲勝，洵屬奮勇向前……於軍務歷練多年，其才識均屬得用」。[179]

176　《林則徐全集》，海峽文藝出版社，2002 年。
177　《林則徐全集》，第 704 頁。
178　《林則徐全集》，第 763 頁。
179　《林則徐全集》，海峽文藝出版社，2002 年。

第一節　清代回族抗擊列強侵略的鬥爭

鄭國鴻定海壯烈殉國

鄭國鴻（1777-1841年），字雪堂，湖南鳳凰廳（今鳳凰縣）人，襲父職從軍，累擢任浙江處州鎮總兵。鴉片戰爭中，定海戰役是抗擊英國侵略軍最為慘烈的戰役。此役中，清軍三位總兵與敵人浴血奮戰六晝夜後，全部陣亡，在中國近代史上寫下了壯麗的篇章，史稱「定海三總兵」，其中一位總兵就是鄭國鴻。

道光二十年（1840年）六月底，英軍進犯廈門，隨後北上浙江攻陷定海，道光二十一年（1841年）二月，鄭國鴻與定海鎮總兵葛雲飛、壽春鎮總兵王錫朋統兵三千，收復了這一沿海策略要地。九月，英軍再次進犯定海，鄭國鴻駐守定海東南的竹山門，與葛雲飛、王錫朋各扼要隘，互為犄角。二十六日，四艘英艦闖入竹山門，鄭國鴻指揮大砲擊毀英軍首船。第二天，英軍反覆攻打竹山門和曉峰嶺，均被鄭國鴻和葛雲飛等率兵擊退。不久，英軍船艦29艘、海軍2,000多人、陸軍2萬人，大規模進攻定海。當時鄭國鴻等所統帥的清軍不過四五千人，三人曾多次聯名請求增兵，欽差大臣裕謙與提督余步雲坐視不救。鄭國鴻等3人即下令「城亡人亡，不離定海半步」。時值九月，陰雨綿綿，官兵在泥濘水澤之中與敵連日血戰。十月一日午夜，英軍趁大霧又一次向定海發動進攻，鄭國鴻等帶領士兵殊死抵抗，與敵軍展開白刃戰。戰鬥持續到次日下午，王錫朋中彈，壯烈犧牲。鄭國鴻所據竹山門腹背受敵，他深知敗局已定，遂將總兵官印授予軍校，隻身單騎赴敵營決戰，至身被重創仍揮刀擊敵，最後壯烈殉國，時年65歲。不久，葛雲飛也壯烈捐軀，定海再次陷於英軍之手。定海保衛戰中，三總兵同時殉國。道光皇帝聞報後，頗為感動，「覽奏為之墜

第十二章 回族愛國主義活動史

淚」[180]，詔令入昭忠祠，賜鄭國鴻謚號「忠節」，建立專祠。

鄭國鴻之子鄭鼎臣，繼續參加抗英鬥爭。道光二十二年（1842年）三月初三，在乍浦以南的普陀洋海面上，鄭鼎臣以戰船奇襲英軍，取得重大勝利。當時的隨軍愛國詩人貝青喬在《咄咄吟》中，盛讚鄭鼎臣之戰功，「一軍縞素擁奇男，戰艦橫排乍浦南。記取普陀洋外捷，壬寅三月日初三」[181]。

沙春元死守大沽炮台

沙春元（？-1858年），字梅芳，河南鄭州人，道光十二年（1832年）壬辰科武進士，藍翎侍尉。咸豐八年（1856年）英法二次鴉片戰爭期間任大沽炮台營副將。

清咸豐七年（1857年），第二次鴉片戰爭爆發，英法聯軍攻陷廣州。隨後，額爾金率英法艦艇近30艘、舢板20餘艘，載海軍陸戰隊2700多人北上，集結在白河口外，又有美艦和俄艦各1艘支援，迫使清政府修改條約。五月二十日，英法聯軍向直隸總督譚廷襄發出最後通牒，要求讓英、法、美、俄4國公使前往天津談判，並限兩小時內交出大沽炮台。10時，英法聯軍未得到清廷答覆，聯軍指揮管額爾金下令進攻大沽南北兩岸的炮台。駐守炮台的沙春元指揮應戰，擊沉敵艦板4艘，擊斃敵軍近百名，法軍炮艇「霰彈」號也遭到重創，艇長被打死，給侵略者以迎頭痛擊。正當炮台守兵與英法侵略軍浴血奮戰之際，直隸總督譚廷襄、布政使錢忻、提督張殿元、天津鎮總兵達年等人紛紛臨陣脫逃。在此危急時刻，沙春元鎮定自若，與官兵一起堅守炮台，「挺身炮台之上，當矢炮交加，

180　蔡冠洛：《清代七百名人傳》，北京圖書館出版社，1984年。
181　貝青喬：《咄咄吟》，1914年嘉業堂刊本。

神色自若，親燃巨炮……悉力捍禦」。[182] 部下多次勸他「下台以避之」，沙春元嚴詞拒絕，並誓言「以死報國」。終因敵眾我寡，炮台失陷。沙春元因「炮傷，洞腹腸出，頓時陣亡」[183]，咸豐皇帝下詔沙春元入昭忠祠。

二、抗法滇軍四回將

光緒十年（1884 年），法國殖民者挑起了中法戰爭，清政府不戰而敗，簽訂了喪權辱國的《中法會議簡明條款》。然而侵略者欲壑難填，進一步侵略我內地和沿海地區，激起全中國各族人民的義憤，各路清軍奮起反擊。在這場戰爭中，雲南回族將領馬維騏、白金柱、馬秀廷、馬樹堂因表現英勇，戰功卓著，被譽為「抗法滇軍四回將」。

馬維騏（？ -1911 年），字介堂，雲南臨安人，官至四川提督。征戰之餘勤習詩書，有儒將風度，工書，學顏真卿，成都武侯祠石刻《隆中對》即其遺墨。中法戰爭爆發，馬維騏帶綏遠營官兵出關，以偏俾獨當一路。後駐軍宣化、援運、北寧，屢挫敵軍。再進攻宣光，斃敵無數。繼而又奉命扮為越人，深入法軍占領區，偵察敵情，並繪製了詳盡的地圖。總督岑毓英看到地圖喜出望外，拍案叫道：「虜在吾目中矣！」根據地圖，嚴密部署，大破法軍。此後，馬維騏又銳身馳救黑旗軍，解劉永福之圍。後又率兵協助老將馮子材取得諒山大捷，迫使法軍退往河內，越南戰局得以改觀。後來，馬維騏因「功最，遷副將，賜號博多歡巴圖魯」[184]。

白金柱（1856-1908 年），字載廷，雲南沙甸人，年輕時從軍馬維騏部。中法戰爭爆發後，他跟從馬維騏出關參戰，參加宣光等戰役，衝鋒陷陣，是滇軍中驍勇善戰的猛將之一。戰後，「以功累保至記名提督，調補

182　李煥乙：《清真先正言行略·卷下》，1917 年刻本。

183　寶鋆等修：《籌辦夷務始末》，文海出版社有限公司，1971 年。

184　趙爾巽主編：《清史稿·馬維騏傳·卷四五九》，中華書局，1977 年。

開廣總鎮，賜勝勇巴圖魯名號」[185]。

馬秀廷，字文仲，雲南師宗人，深諳回族武術，歷任哨官、管帶。光緒十一年（1885 年）三月，馬秀廷率所部與劉永福黑旗軍一道大敗法軍，擊斃法將孤拔，收復失地，沉重打擊了法國侵略軍的囂張氣焰。馬秀廷因功績卓著，誥授建威將軍。民國時，馬秀廷參加護國戰爭，任陸軍中將。1920 年秋，由羅平、陸良等十一縣縉紳士民在馬秀廷家鄉大新村為他敬立了「銅柱銘勛」碑以志紀念這位回族愛國將領。

馬樹堂，雲南大理人，在中法戰爭中，屢敗法軍，屢建奇功，因軍功升任副將，成為中法戰爭中滇軍四回將之一。

三、甲午海戰，左寶貴血灑疆場

明治維新後，日本崛起，極力鼓吹軍國主義，以實行對外擴張為基本國策，將侵略矛頭首先指向其近鄰朝鮮和中國。光緒二十年（1894 年）日本以侵略朝鮮作為進攻中國的跳板，從而引發了中日甲午戰爭。1894 年 8 月 1 日，清政府被迫向日本宣戰，派馬玉昆統毅軍，左寶貴統奉軍，衛汝貴統淮軍，豐升阿統奉天盛軍，開赴朝鮮。

左寶貴（1837-1894 年），字冠廷，山東費城縣人（今屬平邑縣），以戰功升任副將。光緒十年（1884 年）任高州鎮總兵，仍統領奉軍駐紮奉天（今瀋陽）。

左寶貴接到赴朝抗倭的命令後，晝夜兼程，於 1894 年 8 月 6 日即到達平壤。這時原駐牙山的清軍葉志超、聶士成部在成歡戰敗後下落不明，日軍已陸續進入朝鮮。1894 年 8 月 20 日，左寶貴將逃將葉志超及其殘部接回平壤。葉志超是李鴻章舊屬，到平壤後，謊報牙山、成歡之敗仗為勝

185　錫良：《記名提督雲南開廣鎮總兵白忠果公墓誌銘》，《沙甸回族史料》，1989 年。

仗，並因此成為平壤諸路清軍統帥，全軍為之震驚。日軍重兵 16,000 餘人向平壤凶面合圍而來時，葉志超卻整日坐擁歌妓，置酒高會，「無布置，識者憂之」[186]。左寶貴提議主動出擊，葉志超拒絕採納。

1894 年 9 月 11 日，左寶貴親率所部兵馬於大同江上游同企圖合圍平壤的日軍朔寧支隊相遇，左軍擊沉日軍戰船數艘。就在左寶貴獲勝之際，葉志超以「羽箭」調左寶貴撤回平壤，貽誤了戰機，從而使日軍得以乘虛渡江，完成了對平壤的合圍。清軍被困平壤，軍心渙散。而對葉志超等輩的怯敵思想和逃跑伎倆，左寶貴慷慨陳詞，說我軍「奉命東征，誓當為國宣力」，「力即不及，義不可撓」，今「敵人懸軍長驅，正宜出奇痛擊，使之輪弗返，不敢覬覦中原。朝廷設機器，養軍兵，每歲靡金數十萬，正為今日耳。若不戰而退，何以對朝鮮而報國家哉！大丈夫建功立業，在此一舉。至成敗利鈍，不遑計也」[187]。1894 年 9 月 9 日，「聞倭人兵發平壤，左與葉相聚面商。左主戰，葉主退守，意見不合」。左寶貴憤慨至極，厲聲斥責葉志超等，「若輩惜死可自去，此城為我塚矣」[188]。戰爭初期，中日雙方互有勝負。葉志超見戰事趨緊，擬棄城逃跑。為了防止葉志超逃跑而出現不戰自亂的局面，左寶貴採取斷然措施，「以兵守志超，勿令逸」[189]。自己率兵與日軍血戰牡丹台。戰前「日人素憚其（左寶貴）威名，知寶貴不死，平壤不可得，募能擊者萬金賞」[190]。9 月 15 日拂曉，日軍向平壤發起總攻，以 8,000 兵力強攻北牡丹台防線。左寶貴兵力僅有3,000 餘人。不久，日軍又增調砲兵先後擊毀了牡丹台胸牆，清軍雖經奮力拚搏，但終難抵擋，不得不退至玄武門。牡丹台失守，左寶貴決心以

186　姚錫光：《東方兵事紀略》，中華書局，2010 年。
187　欒述善：《楚囚遺史》。
188　趙恭寅修，曾有翼纂：《瀋陽縣誌》，1917 年鉛印本。
189　《瀋陽縣誌》。
190　《清史稿‧左寶貴傳》，中華書局，1977 年。

第十二章　回族愛國主義活動史

死報國，他「遵回禮，先期沐浴」，衣著「御賜衣冠，登城督戰」，往來指揮。部下勸其換下黃馬褂及頭上翎頂，以「免為敵矢之的」。左寶貴慨然回答，「吾服朝服，欲士卒知我先，遮競為之死也。敵之注目，吾何懼乎！」[191] 激戰中，一顆砲彈將清軍大砲擊毀，「鐵穿寶貴肋下」，血流如注。左寶貴裹傷再戰，日軍又一砲彈在他身邊爆炸，左寶貴「受傷墮地，猶能言，下城始殞」[192]。此時，作為主帥的葉志超則挑起白旗，下令撤軍，冒雨北逃，平壤陷於敵手。平壤戰役失敗後，由於清軍節節潰敗，戰火很快蔓延到山東半島。

左寶貴壯烈殉國，使日本侵略者也不得不表示「欽佩左將軍的勇武，用軍禮葬他」[193]。李鴻章在給皇帝的奏章中說：「左寶貴久歷戎行，卓著勞疾，血戰捐軀，忠勇性成，深感憫側。」清廷追封太子少保，謚號「忠壯」，賞騎都尉兼一等雲騎尉世職，其事跡付國史館立傳，入昭忠祠。光緒帝御製祭文云：

> 方當轉戰無前，大軍雲集，
> 何意出師未捷，上將星沉？
> 喑嗚之壯氣未銷，倉猝而雄軀遽殉。

《清史稿》記載左寶貴、鄧世昌殉國史記：「中東之戰陸軍皆遁，寶貴獨死平壤；海軍皆降，世昌獨死東溝。」左、鄧二人因而並稱為甲午「雙忠」。[194]1984 年左寶貴的家鄉平邑縣縣委、人民政府為紀念他殉國 90週年舉行了盛大的紀念活動。1992 年又在城東浚河橋邊為他豎起一尊高大的花崗石雕像。左寶貴一生篤信伊斯蘭教，在他早年的軍戎生涯中甚至自

191　橫香室主人：《清朝野史大觀·清人逸事》，中華書局，1915 年。
192　《清史稿·左寶貴傳》。
193　張懷武：《近現代回族愛國主義鬥爭史話》，寧夏人民出版社，1996 年。
194　《清史稿》卷四六〇，《列傳》247。

己帶鍋做飯，在奉天駐軍時，家中有禮拜堂，有阿訇，自己堅持做禮拜，始終保持了一名回族穆斯林的本色。

四、抗擊八國聯軍，回族壯士血灑正陽門

馬福祿（1854-1900 年），字壽三，甘肅臨夏人。光緒元年（1875年），馬福祿考取鄉試武場第一名，次年省試考取武舉人。光緒六年（1880 年）馬福祿赴京會試，中進士，留京充任宮內侍衛，後歷任守備、督帶、總兵、統領等職。

光緒二十六年（1900 年），德、日、英、美、俄、法、奧、意等帝國主義列強組成「八國聯軍」入侵中國，攻陷天津大沽，北上進攻北京，爆發了近代史上著名的「庚子之役」。五月，八國聯軍由天津大沽登陸，直逼北京。馬福祿率領以西北回民為主的軍隊馬步七營編成的「簡練軍」奉命調往京師，保衛京城，駐防於北京外圍的正定。六月十日，英國海軍上將、駐華艦隊司令西摩爾統帥侵略軍 2,000 多人，向北京進犯，十四日晚到達廊坊。六月十八日，馬福祿率領騎兵，與漢中鎮總兵姚旺等前往迎敵，在廊坊和義和團一起，向侵略者發起猛烈攻擊。馬福祿身先士卒，在官軍與義和團的迅猛進攻下，侵略軍殘部在西摩爾的率領下逃至楊村車站。馬福祿率領清軍乘勝追擊，迅速包圍楊村車站，再次向侵略軍發起猛攻。西摩爾在「進京之路，水陸俱窮」的情況下，只得率兵乘火車倉皇逃回天津。西摩爾後來哀嘆道，「中國軍民所用若為西式槍炮，則所率聯軍必全軍覆滅」[195]。這場「庚子之役第一惡戰」給氣焰囂張的侵略者以沉重打擊。列強不得不承認，這是「歐洲人在亞洲人面前的丟臉」[196]。同年七

195　轉引自《回族對偉大祖國的貢獻》。
196　《德國外交文件有關中國交涉史料選譯》第二卷，商務印書館，1960 年。

月初，八國聯軍以 2 萬重兵，倚仗先進的武器捲土重來，直逼北京城郊，馬福祿奉命堅守正陽門。戰鬥之前，他向弟弟馬福祥說：「事既決裂，挽回無術，我輩唯有恪遵朝命，以身報國，為民族爭光。」[197] 當八國聯軍兵臨城下時，清旗兵紛紛敗逃，只有馬福祿等甘軍及其他愛國官兵仍堅持英勇抵抗。無奈後援不繼，東直門、朝陽門先後陷落。侵略軍集中炮火向城樓猛轟，把四層箭樓削去兩層，正陽門失守。七月十九日夜，馬福祿乘大雨組織敢死隊主動向英軍進攻，侵略軍已在城上設 10 道柵卡以阻止清軍反攻，馬福祿冒著呼嘯的槍彈登上城樓，指揮其弟馬福祥奪回 2 柵。在眾將士晝夜反覆猛攻下，又接連摧毀侵略軍 7 道柵欄，正當此時，馬福祿不幸飲彈犧牲於城頭，時年 46 歲。為表彰他為國壯烈捐軀的行為，清朝廷追封為振威將軍，諡忠烈。

在這場「庚子之役」的惡戰中，與馬福祿同時英勇獻身的還有其堂弟馬福恆、馬福宣、馬福貴、馬福全，堂侄馬耀圖、馬兆圖及百餘名回族將士。

第二節　辛亥革命和護國護法鬥爭中的回族

1911 年 10 月 10 日，武昌起義打響，接著各省紛紛響應，辛亥革命爆發。具有革命鬥爭傳統的回族人民，在辛亥革命中又一次建樹了不朽的業績。孫中山先生說，「回族在中國歷代所受壓迫最甚，痛苦最多，而革命性亦最強……回族向以勇敢而不怕犧牲著稱於世，苟能喚起回民之覺悟，將使革命前途得一絕大之保障」[198]。回族兒女積極參加了武昌起義和各省

197　和龔：《馬福祥年譜概略》，《寧夏文史資料選輯》第 12 期。
198　周瑞海、馬金寶：《回族愛國主義傳統教育讀本》，寧夏人民出版社，2002 年。

的反清起義。無數的回族革命志士，為推翻帝制創建共和而拋頭顱、灑熱血，在回族人民革命鬥爭史上，譜寫了可歌可泣的壯麗篇章。

一、辛亥革命時期的回族志士

　　1905 年 8 月 20 日，孫中山等在東京正式成立同盟會，透過《同盟會章程》，確定「驅除韃虜，恢復中華，建立民國，平均地權」的革命綱領，從此革命風潮一日千丈，回族志士劉慶恩、趙鐘琦、保桄梁、馬鄰翼、楊光燦、龔選廉、孫永安、王廷治、劉壯恩、楊光燦、伍元芝、蔡大愚等人相繼加入同盟會，成為民主革命的中堅力量。1907 年，國內 14 省留學日本的 36 名回族青年學生成立「留東清真教育會」，翌年出版了會刊《醒回篇》，宣傳民主革命思想。《醒回篇》的發刊詞寫道，「外度各國之趨勢，內察各國之情形，取長捨短，因時制宜，而後垂為教然」[199]。主張走歐美、日本「文明早進之邦」的發展之路，富國強兵，並提出了一系列諸如實行家庭教育、女子教育，設立全日製學校，聘請義務教員，設立教育會，仿建寺之規，從回族官、商兩界及殷實之家募捐籌集教育基金等一系列普及國民教育的具體措施和辦法。

武昌起義中的回族英傑

　　武昌起義爆發時，身處首義之區的湖北回族人民，在起義醞釀、發動、支援民軍等方面作出了重要貢獻。起義中，馬祖全（湖北武昌人）在漢口保衛戰中擔任漢口前線砲兵總指揮官。1911 年 4 月 27 日，廣州起義打響，革命黨人、廣西回族宋耀民英勇犧牲，成為黃花崗七十二烈士之一。1913 年鄧玉齡的《致北京稽勳局公函》中，馬驥雲、沙金海、馬祖全

199　王希隆點校：《醒回篇》，蘭州大學出版社，1988 年。

第十二章　回族愛國主義活動史

等均被列為起義有功人員甲種名單內，其中馬驥雲、沙金海、鄒森青等人是辛亥革命中回族英烈的光輝代表。

馬驥雲（1883-1952年），又名馬少青，河南固始人，湖北新軍第八鎮十五協二十九標士兵，1912年陸軍少將。1906年在漢口參加同盟會，為湖北早期同盟會員之一。1911年9月24日，在武昌胭脂巷召開的共進會與文學社聯合大會上，馬驥雲被推舉為軍政府的司勛和軍事籌備員。10月9日，孫武在漢口俄租界的祕密機關被破壞，清軍大肆逮捕革命黨人。馬驥雲等當即在漢陽召開緊急會議，商討對策，並及時將情況通報了武昌革命黨。起義爆發後，馬驥雲指揮人馬參加進攻督署的戰鬥，旋即又參加攻克電報局的戰鬥，取得了武昌起義具有決定性意義的勝利。10月11日，漢口光復，10月13日，漢口軍政府成立，馬驥雲參加了軍政府的領導工作。

沙金海（1888-1956年），字晏山，湖北襄陽人。1905年應募加入湖北常備軍馬隊，後考入講武學堂。他傾向革命，1909年結識孫武，加入共進會，被委任為馬隊第八標代表，參加了籌劃武昌起義的組織領導工作。10日凌晨，他和城外南湖的馬隊、炮隊及三十二標的革命黨代表在巡司河邊召開緊急會議，約定當晚發動起義。起義打響後，他統率馬隊隨炮隊行動，由中和門攻進武昌。武漢光復後，沙金海率部參加了保衛漢口、漢陽的戰鬥，大戰於劉金廟，並取得勝利。19日，他被軍政府委任為武漢戰鬥區獨立機關隊隊長，奉命駐兵漢陽梅子山、黑干山一帶，與清軍展開激戰，為保衛漢陽建立了功勛。

鄒森青（？-1948年），湖北漢川人，清軍馬隊八標正目，共進會會員。武昌首義前，他為馬隊中革命黨負責人之一，積極協助祁國鈞、沙金海籌劃馬隊起義事宜，並組織馬隊英勇參戰。起義後，鄒森青作為第二營右隊隊官，奉命鎮守漢陽三眼橋，擊退清軍數次進攻。美娘山失陷，鄒森

青加入敢死隊，冒著清軍機槍的掃射，奮勇當先，奪取了美娘山險要據點。鄒森青在胸部、左臂中彈的情況下，仍堅持奮戰，後被戰友強行抬下火線。鄒森青為辛亥革命的勝利建立了殊勛。

各地回族積極響應辛亥革命

辛亥首義後，陝西成為響應起義最早的省份。武昌起義的成功極大地鼓舞了陝西的回族人民，他們在馬玉貴的領導下，率先發動了西安的革命運動。

馬玉貴（1884-1957 年），字青山，湖北谷城人，1912 年任陸軍少將。光緒末年投入湖北新軍，後調防西安。受同盟會革命思想影響，馬玉貴在西安回民和新軍中祕密從事反清宣傳和組織工作。武昌起義消息傳來後，西安革命者決定 10 月 22 日（農曆九月初一）聯合各界發動起義。起義開始後，「參加起義的回民軍是由曾任清軍商州管帶的馬文英率領的各街巷回民群眾五百多人，由西大街經南院門、木頭市到東廳門，和占領軍裝局的革命軍會合，領取到一部分槍械彈藥後，於晚間整隊回到回民區，維持秩序。經過半天的戰鬥，革命軍占領了軍裝局以及除滿城外的城內大部分官府衙門和重要軍事據點」[200]。10 月 23 日黎明，起義軍分西、南兩路攻滿城，遭到數千名旗兵的頑強抵抗。當日下午 3 時，馬玉貴率新軍和回民武裝率先奮勇攻進滿城。滿城是清廷在陝西統治的大本營，它被攻占代表著西安辛亥之役的勝利。西安光復後，清廷調動河南的清軍猛撲潼關，又令甘軍攻打乾州，從東、西兩方面威脅西安。馬玉貴任秦隴復漢軍總理糧餉兼軍務大都督，積極協調革命軍內部團結，籌集糧餉，並組織數百名回民組成的衛隊參加了抗擊清軍反撲潼關之役和保衛乾州的戰鬥，保衛了陝

200　馬士年：《陝西回族人民參加辛亥革命的經過》，《西安文史資料》第 1 輯。

西辛亥革命的勝利果實。

陝西的光復，使整個西北受到震動。寧夏府城銀川的哥老會頭目劉華堂與西安革命軍取得連繫，發動起義，占據銀川。其中回民馬四虎、哈明等人積極參加了光復寧夏的戰鬥，馬四虎等一度攻占了寧夏府城，光復平羅，並成立了「順南」政權（意思是順從南方孫中山的領導）。「順南」政權在甘軍馬麒的殘酷鎮壓下失敗，馬四虎等壯烈犧牲。

在中國西北邊陲重鎮伊犁，受武昌起義和西安光復的影響，由新軍首領、同盟會員楊纘緒等人領導發動起義，光復了伊犁。當地漢、回、維、哈各族群眾，支援並積極投入了這次戰鬥。其中新軍回族軍官馬凌霄起義前負責聯絡和發動回族人民參加革命，起義中率領協標軍同清軍力戰，為伊犁的光復作出了積極貢獻。

雲南革命黨人在蔡鍔、唐繼堯、李烈鈞等人的領導下，響應武昌起義，於 1911 年 10 月 30 日在昆明發動了著名的「重九起義」。回民軍官馬聰、孫永安等人參加了這次起義，為雲南的光復立下了戰功。[201]

1911 年 4 月，在同盟會會員邵奇峰（回族）的倡導下，上海 48 名（後發展到 130 餘人）回民青年成立了以推翻清廷為宗旨的清真商團，以沙善余為團長、伍特公為副團長。武昌起義後，清真商團與其他商團聯合行動，積極籌備起義。11 月 4 日起義爆發，清真商團團員立即行動，攻陷江南製造局，奪得大批軍火彈藥。上海光復之後，清真商團部分團員押運糧械進軍南京，協同友軍完成光復南京的任務。

在河南，武昌起義消息傳到開封後，革命黨人經過祕密策劃，定於 12 月 22 日（十一月初二）發動起義。張鐘瑞被推為起義軍總司令，回族人士丹鵬晏任敢死隊隊長。但未及行動，遭奸人告密被捕，張鐘瑞等 11 人

201　楊兆鈞：《雲南回族史》，雲南民族出版社，1994 年。

同時就義。臨刑前，丹鵬晏從容地對前來為他送行的回族群眾說，「木欲推翻滿清，建革新大業。事敗而死，乃吾分，無所恨。寄語老母，仍以教禮葬吾」[202]。年僅 23 歲的他為革命事業獻出了年輕的生命。

二、護國、護法運動時期的回族英烈

回族英雄參加護國戰爭

辛亥革命勝利後，袁世凱竊取了革命果實。1915 年，袁世凱宣布恢復帝制，改「中華民國」為「中華帝國」，自稱皇帝，改元洪憲。12 月 25 日，以蔡鍔為首的護國軍通電全中國，在雲南發起反袁護國運動，建立護國軍，出師川、桂、黔，發動了著名的「護國戰爭」。不久，全中國各省紛紛宣布獨立。在這一運動中，有一大批雲南回族志士、愛國將領加入了護國軍，為討袁鬥爭的勝利立下赫赫戰功。其中功勳卓著者有趙鐘奇、孫永安、馬聰、馬鑫培、沙雲仙、馬秀廷等人。

趙鐘奇（1876-1970 年），字毓衡，雲南大理人，日本陸軍士官學校留學生、同盟會員。辛亥革命中曾參加南京起義，任新軍第七師步兵團團長，後回雲南留任講武堂教官。1915 年 12 月 25 日，時任駐雲南大理衛戍司令兼旅長的趙鐘奇即與駐地其他將領聯名發出「剷除帝制、重建共和」的通電，成為這次護國運動中最著名的回族將領。後奉調入川，支援蔡鍔，率所部滇軍攻克簡陽等地，擊潰袁世凱部 16 個縱隊。又率部進入廣西，與護國軍第二軍合作，擊潰龍觀光部，繳獲大量槍支現款。後復入川，以功升督署參謀長。因護國討袁有功，趙鐘奇被授予護國勳章，並被任命為監運使。孫中山在廣州就任非常大總統，召開非常國會，邀請其出

202　白宗正：《丹鵬晏烈士傳略》，《河南省民族宗教史志資料通訊》第 1 期。

第十二章　回族愛國主義活動史

席會議，共商國是。

孫永安，字竹卿，雲南昆明人，日本陸軍士官學校留學生，同盟會會員。馬聰，字伯安，雲南昆明人，畢業於雲南武備學校。護國之役中，兩人在起義前夕的 12 月 22 日，參加了唐繼堯、蔡鍔、李烈鈞等召集的重要會議，打響了討袁的第一槍。孫永安在此役中先後任砲兵團長、第一師第一旅中將旅長和軍政司長，他慨然將其多年經營起來的砲兵精銳全部分調給護國軍的兩個軍。馬聰任護國軍第三軍第六梯團支隊長，參加作戰，以軍功升陸軍中將，任第一混成旅旅長，自貢警備區衛戍司令，護國之役告捷後，返回雲南，曾代理雲南督軍。

馬秀廷，曾在清末中法戰爭中建立卓越功勛，民國時授陸軍中將。護國軍出師討袁，廣東軍閥龍濟光與廣西軍閥陸榮廷聯合進攻雲南，欲由羅平直搗昆明。時任普洱防殖邊統領的馬秀廷駐軍羅平三江口，占據滇、黔、桂三省要沖，截隘堵險，扼其進路，並在八達河打敗敵軍，迫使粵軍改道。不久，個舊、彌勒、丘北相繼失守。馬秀廷又督師截擊，攻克邱城，粵軍敗竄，以功獲二等紀念章。

尹神武，原名尹作棟，遼寧營口人。1910 年奉天甲種商校畢業後，被選送日本留學，1914 年畢業於日本明治大學政法系。在日期間，追隨孫中山從事革命活動，加入中華革命黨。1915 年回國後任中華革命黨上海總部實行部負責人。1915 年，尹神武組織策劃暗殺了袁世凱的死黨、上海鎮守使鄭汝成。後因叛徒出賣，被捕入獄，1918 年 5 月 11 日英勇就義，年僅28 歲。

第二節　辛亥革命和護國護法鬥爭中的回族

蔡大愚甘肅護法

蔡大愚（1874-1945 年），字冰吾，四川成都人。早年留學日本政法大學，接受民主思想，加入同盟會。畢業回國後，熱心教育事業，創辦了北京清真第五小學。1912 年 11 月，隨同馬鄰翼到蘭州，改組甘肅公立法政學堂為甘肅法政專門學校（蘭州大學前身），任校長。後又協助馬鄰翼創辦蘭州回教勸學所，負責實際工作。同時，以國民黨特派員身分在甘肅籌建支部，倡導民主自由。1915 年冬袁世凱頒布洪憲年號，甘肅總督張廣建受封為一等子爵，蔡大愚在校長室失聲痛哭，大罵袁世凱斷送了民國。[203]

護法運動爆發後，蔡大愚積極配合孫中山北伐，致力於推翻張廣建的活動。蔡大愚利用甘肅的軍閥勢力反對張廣建專權的情緒，鼓勵他們共同推翻張廣建，並準備在臨洮策動兵變。得知孫中山在廣州組織護法軍政府的消息後，蔡大愚即派法政專門學校畢業生師世昌前往廣州，尋求孫中山的指示和幫助。孫中山得知甘肅的行動計劃後，發給師世昌密電本和路費，答應必要時幫助解決款械。蔡大愚決定在蘭州、狄道（臨洮）、河州同時發動起義。響應孫中山，驅逐張廣建。但在關鍵時刻，消息走漏，張廣建發通緝令懸賞兩萬銀元捉拿蔡大愚。蔡大愚出走四川，甘肅護法運動失敗。

甘肅護法運動是孫中山領導的廣東軍政府組織發動的護法運動的組成部分之一，蔡大愚的護法義舉雖未能成功，但它在封建專制制度根深蒂固的西北，傳播了革命思想，對閉塞的西北產生了深遠的影響。

203　王希隆：《蔡大愚先生傳略：為紀念蘭州大學建校 90 年而作》，《西北少數民族史研究》，民族出版社，2003 年。

第三節　抗日戰爭時期的回族

抗日戰爭爆發後，回族人民在抗日民族統一戰線旗幟的指引下，發揚富於反抗、勇於犧牲的革命精神，積極投身於抗擊日本侵略的洪流中，開展了各種形式的民族救亡活動。

一、回族群眾的抗日戰爭和民間外交活動

全民抗日大動員

西北是抗日大後方，西北地區回族最集中，抗日運動也最活躍。1931年9月18日，九一八事變爆發不久，西安召開了近7萬人參加的抗日救國大會，回族愛國人士馬德涵等人倡議成立了「西安回民抗日救國會」，積極從事抗日宣傳。同年，在陝中共地下黨員、回族人士劉格平積極領導陝西回族參加抗日，成立了「陝西回教抗日救國會」，成為回族愛國抗日的急先鋒。1932年1月25日，《月華》雜誌發表了《國難期間伊斯蘭應有的呼聲》一文，率先表明了中國穆斯林堅定的抗日立場，在喚醒民眾的抗戰意識，鼓舞民族的抗敵精神方面發揮了積極的作用。1936年12月12日，「西安事變」爆發，回族同胞在西安召開了中國部分省區回族代表大會，出席這次大會的有山東、河南、陝西、甘肅、寧夏、青海等9省的回族同胞。大會透過決議，堅決擁護張學良、楊虎城的「八項救國政治主張」，呼籲全中國各族人民加強團結。會後舉行了大遊行，一路高呼：「打倒日本鬼子！」「日本鬼子從中國滾出去！」同時舉行了中華武術大賽，以此展示了回族人民堅定不移的抗戰決心。1938年9月13日陝西召開了有數萬人參加的西北回民「獻旗」大會。大會除了向政府獻旗和共同聲討日寇，還電慰前方英勇抗敵將士，發布《告西北回民書》，呼籲全世

界穆斯林兄弟共同「抵制日貨」，擴大抗日運動。同年 11 月 23 日，日軍在回民開齋節期間以清真寺為目標，對西安回民野蠻轟炸，造成重大傷亡，激起了全中國回族同胞的極大憤慨。

　　在甘肅蘭州，楊靜仁聯合回族青年以「伊斯蘭學會」名義祕密成立了甘肅回族青年抗日進步組織，先後在蘭州的大中學校回族學生和其他知識青年中發展會員 70 餘人。出版《回聲》雜誌，積極宣傳抗戰。吳鴻賓、楊靜仁、馬思義、張杰、沈遐熙在平涼和西海固進行宣傳教育，發動固原回民於 1941 年 4 月起義，義軍在馬思義的帶領下，投奔延安，進入抗日革命根據地，成為一支堅強的回民抗日武裝　一回民騎兵旅，為抗日事業作出了貢獻。延安清真寺阿訇蔡登宵多次擔任陝甘寧邊區委員，他利用自己在群眾中的崇高威望，經常在隴東講經傳道時宣傳共產黨的政策，號召廣大回族群眾到延安參加革命，支援抗戰。平涼許多回族商人組成馬幫，不畏艱險，出入隴東到陝北的峻嶺深谷之間，將布匹、茶鹽、麵粉、藥品、文具等急需物資不斷運到抗日根據地。回族馬幫的代表丁信真以「丁大膽走陝北」在民間留下神奇的傳說。[204]1931 年 10 月 28 日，青海省學生抗日義勇軍聯合處在西寧福神廟（今人民街附近）成立。11 月 3 日，西寧各學校的抗日義勇軍在小教場舉行誓師大會，宣讀誓詞，散發《告全省群眾和青年書》，以大會名義發出通電，表示堅決抗日的態度。國民黨將領馬步芳以陸軍新編第九師師長身分到場監督。

　　上海穆斯林本著「愛國是正信的一部分」的聖訓，以各種形式積極抗日，十幾座清真寺的阿訇利用星期五「聚禮」的機會，向教胞積極宣傳抗日，號召教胞出錢出力，保家衛國。1935 年 12 月，回族學生馬寅擔任上海中等學校學生救國聯合會主席、組織部長，組織學生參加各種進步讀書

204　喇敏智主編：《回族對偉大祖國的貢獻》，甘肅民族出版社，2006 年，第 189 ～ 191 頁。

會和救亡運動。1936 年 1 月，著名回族女社會活動家劉清揚，領導北平各界婦女成立北平婦女救國聯合會，積極參加抗日救亡活動。

　　1938 年 2 月，全中國回民抗日群眾團體「中國回民救國協會」在重慶成立，協會向全中國回胞發表的抗日救亡宣言中指出：「全國一致抗日之際，我教胞忝為中華國民，愛國怎肯行後人，趁此機會，若不團結奮起，以表現我回教之精神，保持我回教之榮譽，不特為人格之汙，抑且為宗教之辱。」協會理事長白崇禧發表了《敬告全國回教同胞書》，提出國難當頭之際，回族同胞的使命是：「發動回民抗戰力量，完成回民救國任務。」[205] 協會一成立，山西、甘肅、寧夏、青海、新疆、四川、湖南、湖北、雲南、廣西、河北、河南、山東等地均相繼成立回協分會。各地回族青年還成立了「回民青年戰地服務團」，「回教青年救國會」等組織，進行了廣泛的宣傳、動員和募捐活動及戰地服務工作。1938 年 2 月，山東濟南回民為反抗日軍的侮辱和暴行，約有 1,000 多人聚集起來，在當地教長率領下，拿起武器，和日寇開戰，擊斃日偽軍 1,000 多人，教長在戰鬥中獻出了生命。[206]

　　抗日戰爭全面爆發後，不少伊斯蘭教民間組織和宗教人士也積極投身其中。地處偏僻的甘肅臨潭的伊斯蘭教西道堂積極投入到抗戰宣傳教育當中，提出了「開發邊疆教育，發揚西北文化」的口號，阿訇們借禮拜聚禮之際誦經祈禱，西道堂創辦的臨潭縣民族第二小學的全體師生組建伊光劇團排演的話劇有《中國不會亡》、《放下你的鞭子》、《打東洋》、《台兒莊大捷》等，他們還上街貼標語、宣傳時事、繪漫畫、辦牆報、用多種形式，揭露了日寇侵華的暴行，充分表現了臨潭穆斯林的愛國熱忱。西道堂

205　白崇禧：《敬告全國回教同胞書》，《西北回民正論》。
206　敏賢麟：《抗戰時期回族人民的抗日救亡鬥爭述略》，《甘肅民族研究》1995 年第 3 期。

為了進一步激勵學生抗日愛國的熱情，編寫了新校歌：「洮水湧，朝日臨，
回民兒童的大本營，說的是中國話，讀的是中國書，我們不講狹隘民族，
我們不分任何界限，過去的畛域完全要把它劃除。讀書是天職，掃除邊區
的文盲，同學們攜起手來，向前進！拿我們的血和肉，去拼掉敵人的頭，
將來獻給國家民族！將來獻給國家民族！」1940 年，在抗日的艱苦鬥爭時
期，西道堂教長馬明仁不畏艱險，到重慶求見蔣介石，力陳《國共合作，
團結抗日》諫言書，充分表達了西北穆斯林愛國愛教、擁護抗日的決心。[207]

在寧夏，著名阿訇虎嵩山（1879-1955 年）秉承伊斯蘭教的和平精神，
號召回族穆斯林積極投入到抗日救亡的正義行動中，他用漢文和阿拉伯文
撰寫了一篇題為《致全國穆斯林同胞抗戰勝利祈禱詞》的抗日檄文，以穆
斯林特有的方式，進行抗日宣傳，極大地鼓舞了回族穆斯林的愛國熱情，
堅定了中國必勝的信念。

回族的民間外交活動

日寇侵華期間，為孤立中國，在伊斯蘭教世界實行拉攏懷柔之策。
「七七」事變前，曾任侵華日軍總參謀長的坂垣征四郎說：「以近東與南
洋為中心之回教問題，對於日本之南進政策，應成為極重要考慮之議題，
並應予以解決之。」[208] 為了擴大國際宣傳，揭露日寇歪曲侵華真相的欺
騙行徑，配合國內抗戰，「中國回民救國協會」還組織了「中國回教朝覲
團」和「西北回胞朝勤團」，利用朝覲之際，揭露日本侵華事實與罪行。
1938 年 2 月，在沙烏地阿拉伯麥加召開的世界伊斯蘭大會上，達浦生教長
用阿拉伯文撰寫了《告全世界回教同胞書》，譴責日本帝國主義的侵華行

207　柏水生：《西道堂喜迎紅軍支持抗戰》，《民主協商報》1996 年 9 月 6 日。
208　楊敬之：《日本之回教政策》，商務印書館。

徑，徹底揭穿其外表偽善，內心殘暴的嘴臉，大長了中國的聲威。西北回胞朝覲團還在麥加將日本侵略中國的暴行公之於世，並揭露其利用宗教分裂中國的陰謀，他們與留埃學生朝覲團等相互配合，「強烈地表示中國全體回教徒決心抗戰到底」[209]。

北京回族人士馬天英等人於 1928 年 1 月和 1938 年春，先後組織了「中國回教近東訪問團」和「中國回教南洋訪問團」赴埃及、沙特阿拉伯、伊朗等中東國家和馬來西亞等東南亞 8 個穆斯林國家進行抗日宣傳。「中國回教近東訪問團」行程近 5 萬公里，拜見了各國政要、名流，接觸了許多重要的黨派、團體，公開發表演講，還以阿拉伯文、土耳其文、英文三種文字編寫了《中國回教近東訪問團敬告世界回教教友書》，廣為散發，並在《孟買新聞》、《星報》、《伊朗日報》、《埃及郵報》等國外報刊上發表大量宣傳中國抗日的文章，揭露日本帝國主義的暴行。引起了世界各國穆斯林對中國抗戰的極大關注。東南亞穆斯林組織赴華親善訪問團，來華支持中國的抗日戰爭。

回族穆斯林透過大量的民間外交活動，使穆斯林國家的政府和人民了解到中國人民抗日戰爭的正義性，贏得了這些國家道義上的同情和支持。1938 年 4 月 24 日，《新華日報》發表社論評到：「中國回教近東訪問團組織，到海外的回民（穆斯林）中，去進行國際宣傳，使近東和全世界的回民，都同情和援助中國的抗戰。」

二、渤海回民支隊，威震敵膽

抗日戰爭全面爆發後，動員「蒙回及一切少數民族共同抗日」的主張。1938 年底，「冀魯邊區回族抗日救國總會」成立。1939 年，冀魯邊

209　馬彥瑞：《回族在中國抗日戰爭中的貢獻》，《回族研究》1996 年第 1 期。

第三節　抗日戰爭時期的回族

區黨委決定建立回民抗日武裝，任命回族共產黨人劉震寰和于連芳負責籌建工作。1941 年 9 月，冀魯邊區黨委根據鬥爭形勢需要，將這支「回民大隊」改為冀魯邊區回民支隊，劉震寰為支隊長，王連芳為政治委員。1944年冬，冀魯邊區與清河軍區合併為渤海軍區，冀魯邊區回民支隊改稱「渤海軍區回民支隊」。

回民支隊一成立就與日寇展開鬥爭，打了許多大仗，成為津南魯北一支令敵人聞風喪膽的抗日隊伍。1943 年 9 月，回民支隊奇襲白頭據點，不到半個時辰，圍殲敵人兩個分隊 120 多人。年底巧克姚莊據點，俘虜敵人100 多人，繳獲敵人的全部武器裝備，創造了許多以少勝多的戰例。1944年初，回民支隊向敵人展開大的政治和軍事攻勢，或獨立作戰，或配合兄弟部隊消滅敵人，活躍在津南魯北的廣大地區。1944 年 1 至 2 月間，回民支隊大戰趙古莊子，圍殲小山據點，殲敵 40 餘人。1944 年 5 月，回民支隊在慶雲縣城東，一舉殲滅出城收搶群眾麥子的日偽軍百餘人，僅有 4人逃脫。1944 年 6 月底，回民支隊拔掉蘇基據點，殲敵 40 餘人。1945 年1 至 2 月間，回民支隊主動攻擊齊家務、呂家橋、青村等大據點，消滅自衛隊 500 多人，有 200 餘名偽軍投降，繳獲長短槍 600 多支，還有一大車子彈。1945 年 8 月，回民支隊兵分兩路，支隊長劉震寰帶領四大隊和五大隊，攻打無棣縣城，俘敵 70 多人。政治部主任李子華帶領一大隊和六大隊，配合兄弟部隊先後解放了陽信、惠民兩個縣城，日偽軍全部投降。1945 年 8 月底，回民支隊攻占黃驊縣城和歧口。

回民支隊中兩位德高望重的阿訇曹達、丁溪野，創作了許多廣為流傳的抗日歌曲。著名的《伊斯蘭抗日進行曲》盡情歌頌了勇敢的回民支隊：「伊斯蘭、伊斯蘭，抗日英勇又勇敢，在這廣大的平原上，堅持敵後反掃蕩……」這兩位阿訇的大力宣傳，對鼓舞軍心，擴大回民支隊的影響造成

了很好的作用。

渤海回民支隊紀律嚴明，作戰勇敢，與馬本齋領導的冀中回民支隊遙相呼應，在敵後戰場上有力地打擊了日寇的囂張氣焰。除冀中回民支隊和渤海回民支隊之外，由中國共產黨領導下的回族抗日武裝還有新四軍五支隊下屬的江蘇宜興竹鎮回民游擊大隊、冀魯邊軍分區回民大隊和魯南軍區領導下的棗莊回民游擊隊等，他們都為抗日救國作出了巨大貢獻。

三、高原鐵騎馳中原，回漢騎兵創日寇

抗日戰爭爆發不久，為了抗擊日軍的侵略，積極支持中原地區的抗日武裝，時任青海陸軍八十二軍軍長的馬步芳、駐河西陸軍第五軍軍長的馬步青分別從自己的軍隊中抽調精銳部隊，並徵調青海各縣回、漢、東鄉、撒拉、保安等民族的剛勇青年，組編了暫編騎一師，共 9,000 多人，任命馬彪（1885-1948 年）為師長，東進陝西，守衛潼關並保衛隴海鐵路靈寶段的交通安全。1939 年，暫編騎一師進駐河南扶溝一帶，守備黃河河防，打擊日偽勢力。同年春末，駐防周口，常派輕騎分隊襲擊日軍，使敵不敢輕易出城騷擾。9 月渡潁河攻擊淮陽日軍，占領西關，日軍機械化部隊分乘100 多輛軍車和裝甲車，載 10 門火炮，突破國民黨 7 個主力師的防線，從開封馳援淮陽，陷入重圍的騎一師三進三出，與敵大刀肉搏，旅長馬秉忠以下官兵 2,000 多人傷亡，使戰場形勢反敗為勝，日軍全線崩潰，狼狽逃竄，是役殲敵 1,000 多人。騎一師馳騁豫皖，多立戰功。1940 年殲滅日寇60 師團一部和偽軍 2 個師，繼經阜潁等幾次大戰，功勳卓越，聲威大震。備受蔣介石的關注，馬彪被升任陸軍騎兵第 2 軍副軍長兼騎 1 師師長。

1945 年 8 月，抗戰勝利，這支英勇的騎兵師奉命接受了徐州日寇的投降。在這場反侵略戰爭中，騎兵師轉戰陝西、河南、安徽等省，前後派出

軍隊 23,000 多人，其中 3,000 多名回、東鄉、撒拉、保安等民族健兒為國捐軀，血染疆場，譜寫了可歌可泣的愛國主義篇章。

四、抗日驍將馬繼武

馬繼武（1905-1984 年），字經伯，陝西彬縣人。黃埔軍校第二期畢業。1937 年抗日戰爭爆發，雲南奉命組建六十軍，馬繼武任六十軍一八三師五四二旅少將副旅長。

1938 年 4 月 18 日，六十軍奉命增援台兒莊，五四二旅在開進途中與日軍遭遇，在刑家樓、五聖堂地區展開激烈的陣地爭奪戰。旅長陳鍾書不幸中彈陣亡後，馬繼武肩負起全旅指揮重任，多次擊潰日軍反撲，穩住了陣地。戰鬥中有 130 多名雲南回族健兒壯烈殉國。20 日五四二旅因傷亡過重奉命撤守東莊，在奪回火石埠的戰鬥中，馬繼武親自率隊英勇衝殺，受到盧漢軍長嘉獎。台兒莊戰役結束後，馬繼武提升為五四二旅旅長，參加了武漢外圍保衛戰。後率部返回雲南。1943 年日寇侵占越南，馬繼武調任滇黔綏靖公署步兵第三旅旅長，駐防蒙自、建水一帶。後任陸軍暫編二十一師師長、建文師管區中將司令兼第二路軍副指揮官、軍管區副司令、滇南宣撫使等，為加強邊防建設作出了貢獻。1946 年被選為國大代表。

回族在全中國範圍內建立的各類抗日武裝和從事的多種形式的抗日戰爭，不僅有力地打擊了日本侵略者，在抗戰中發揮了重要作用，而且促進了回族自身的覺醒和進步。在民族危亡的關頭，回族不畏強暴，不為私利，掀起全民族的抗戰，成為中華民族捍衛民族尊嚴的一支勁旅。回族有組織的抗日戰爭，顯示了回族人民英勇不屈的犧牲精神，增強了回族自身的凝聚力。

第十二章　回族愛國主義活動史

「八年抗戰，是回回民族有史以來最活躍，最豪邁，最富於進取的階段。」[210]

210　李榮珍：《中國回族在抗日戰爭中的歷史地位》，《甘肅民族研究》1995 年第 3 期。

第十三章　回族名人

第十三章 回族名人

一、賽典赤·瞻思丁

賽典赤·瞻思丁（1211-1279年）是元代優秀的政治家，對雲南地方的政治、經濟發展作出了巨大貢獻。賽典赤·瞻思丁全名賽典赤·瞻思丁·烏馬兒。在阿拉伯語中，賽典赤意為榮耀的聖裔，瞻思丁意為宗教的太陽，烏馬兒意為長壽。據考證，瞻思丁是穆罕默德的第31世後裔，生於中亞布哈拉，少年時就隨祖父率部眾追隨成吉思汗，直至忽必烈時代，深得蒙古皇室的信任和重用，先後升任豐、靖、雲內三州（今大同市西北、呼和浩特市一帶）的都達魯花赤、後改任太原、平陽二路達魯花赤、燕京路斷事官、燕京路宣撫使、中書省平章政事（位同宰相），受命出任陝西和四川行中書省平章政事、雲南平章政事。他一生最大的貢獻在於統一雲南，率先推行行省制，是第一個在雲南建立孔廟，傳播儒家文化的回族政治家。

至元十一年（1274年）元世祖委任瞻思丁為雲南平章政事，這時他已63歲。臨行時，忽必烈特地面諭，「雲南朕嘗親臨，比因委任失宜，使遠人不安，欲選謹厚者撫治之，無如卿者」[211]。鼓勵他以「謹厚」的政治風度治理雲南。瞻思丁到雲南後發現，親王、軍人和行政部門之間職權不明，而少數民族地區又有土司統治，社會秩序紊亂，人民生活困苦，曾激起各族人民的暴力反抗。至元十二年（1275年），瞻思丁向朝廷陳奏，「雲南諸夷未附者尚多，今擬宣慰司兼行元帥府事，並聽行省節制」[212]。經世祖允準後，把宣慰司和元帥府納入行省的管轄，加強了行省權力，改制郡縣，使武官不再管理民政，首開中國政治史上的行省制，維護了中國的統一。

211　《元史·列傳第十二·賽典赤·瞻思丁傳》，中華書局點校本，1976年。
212　《元史·列傳卷十二》。

　　行省建立、郡縣改制基本結束時，瞻思丁開始了經濟恢復和建設工作，其中治理滇池是雲南歷史上第一個「民眾至今受其賜」的規模最大、最科學的水利系統工程。元代以後歷代對滇池的治理，基本上是沿襲瞻思丁疏六河、擴海口的辦法。松花壩經歷代加修，至今仍是滇池地區水裡樞紐工程之一，仍在造福春城人民。

　　針對雲南山高路險、交通不便的狀況，瞻思丁下令修築驛道，並沿途設置驛館，派駐官員，保護行人商旅。驛路的修建打通了雲南與中原及鄰省、鄰邦的交通往來，為先進技術和外來移民的進入、各民族的交往創造了便利條件，促進了邊疆的開發。

　　瞻思丁對民間的商業貿易採取了支持與鼓勵的態度，「薄徵稅以廣行旅，築驛館，導水治橋，興市進，皆候農隙」[213]。並從雲南民族習慣出發，仍用民間傳統貨幣 —— 海貝作為交換媒介，而不強制實行全中國統一的鈔法，保障了雲南民間貿易的發展。瞻思丁透過一系列措施大力恢復、發展經濟，增強了邊疆地區對中央政府的凝聚力和向心力。

　　瞻思丁入滇以後，在中慶首建孔廟，興辦儒學。至元三年（1266年），瞻思丁在部闍的五華山上修了一所學校，勸導各族子弟入學，並從內地選聘學者、文士前來任教，宣傳儒學，使儒家文化在西南邊陲得到廣泛傳播。同時，作為穆斯林，他在中慶等地建立了 12 座清真寺，發展了伊斯蘭文化。

　　至元十六年（1279 年），瞻思丁與世長辭，消息一經傳出，朝野震悼，「百姓巷哭」。元世祖忽必烈「思其功德，嘉念不忘」，對其「四川分陝，朝廷無西顧之憂；六詔行台，郡縣奠南服之理」的功績給予很高的

213　　《元史·列傳卷十二》。

評價，追封為「咸陽王」、「雍國公」。[214]春城的老百姓在昆明建起了「報功祠」，俗稱「咸陽王廟」，以表達他們永遠的哀思。雲南的回族尊稱他為「咸陽王巴巴」，每年都舉行「爾麥力」深切地懷念。[215]

二、明代開國功臣中的回族

元末明初，回族勞苦大眾中的不少人參加了反元起義，有的成為明朝開國功臣。明代開國功臣中的回族主要有常遇春、胡大海、丁德興、沐英、藍玉、馮勝。

常遇春（1330-1369 年）

字伯仁，濠州懷遠（今安徽懷遠縣）人。元至正十五年（1355 年）春，常遇春投奔朱元璋，開始了與朱元璋開創大明和統一中國的事業。[216]

常遇春自參加採石磯渡江戰役，到 1369 年奪取元上都開平，無役不從，戰無不勝。常遇春「勇力絕人，猿臂善射」，「為人沉鷙果敢」，被譽為當時的天下奇男子。他善領兵，作戰中長於機巧，常以智取勝，曾自負地說：「我率十萬人便可橫行天下」，軍中送他綽號叫「常十萬」。在軍中，常遇春「愛撫士卒」，「每與敵戰，出則當先。退則殿後，未嘗敗北，士卒樂為之用」。[217] 與此相關聯，就是軍紀嚴明，所到之處秋毫無犯。常遇春與胡大海一起曾向朱元璋建議，免收百姓給軍隊交納的糧草 —— 寨糧，朱元璋採納了這個建議，注重發展屯田事業，以解決軍隊

214　《元史》，中華書局出版點校本，1976 年。
215　納為信著：《元咸陽王賽典赤‧瞻思丁世家》，今日中國出版社，1994 年。
216　白壽彝：《回族人物誌‧明代》，寧夏人民出版社，1988 年，第 1 頁。
217　《明史》卷一二五《常遇春傳》。

的糧餉，從而減輕了占領地區百姓的沉重負擔。常遇春對朱元璋一直忠心耿耿，敢於直言，效命疆場，盡瘁而終，時年 39 歲。朱元璋也對常遇春特別愛重，認為常遇春「計其開拓之功，以十分言，遇春居七八」，其功勛「雖古名將，未有過之」[218]。常遇春信仰虔誠，民間傳說他是阿訇出身。據《清真釋疑補輯》記述，常遇春「生平勤齋戒，當戎馬倥傯，即人寺談經習，雖軍中亦然」[219]。

胡大海（？ -1362 年）

字通甫，泗州虹縣（今安徽泗縣）人。民間相傳，胡大海原以炸油饃為生，人們還以「鐵指頭胡大海」的綽號相稱。[220]1354 年，朱元璋屯兵安徽滁縣時胡大海投入帳下，朱元璋看他身材魁梧、相貌威嚴，說話十分投機，甚為器重，於是留於軍中，命為前鋒。胡大海渡江後攻取皖南、浙江等地，先後任右翼統軍元帥、江南行省參知政事，鎮守金華（今屬浙江）。胡大海雖目不識書，但能折節下士，曾薦劉基、宋濂、葉琛、章溢於朱元璋。[221] 胡大海領兵軍紀嚴明，曾說「吾武人不知書，唯知三事而已，不殺人，不掠婦女，不焚燬廬舍」[222]。胡大海待人誠懇，對降將也是如此，不料被降將蔣英暗算。胡大海遇害後，朱元璋作文以祭，特贈光祿大夫，追封越國公，謚武莊，肖像功臣廟，配享太廟。

218　《明太祖實錄》卷四十三。

219　[清] 金天柱撰：《清真釋疑補輯》，清光緒七年（1881 年）刻本。

220　白壽彝：《回族人物誌·明代》，寧夏人民出版社，1988 年，第 10 頁。

221　張廷玉：《明史》卷一三三，《列傳》二十一。

222　《明史》，上海古籍出版社，2007 年。

第十三章　回族名人

丁德興

生卒年不詳，定遠（今安徽定遠縣）人，因皮膚黝黑，朱元璋常以「黑丁」相稱，授萬戶。[223] 丁德興沉勇威嚴，仁而有信。行軍紀律嚴明，有功不伐。初歸朱元璋後，攻敵洪山寨，以百騎破敵兵七千，首戰取勝。陳友諒亂龍江時，丁德興鎮守石灰山，以全力反擊，取得勝利。朱元璋搗安慶，克九江，援安豐，敗呂珍，走左君弼，丁德興皆隨從作戰，受到讚賞，擢左翼統軍元帥。至正二十三年（1363 年），陳友諒組織樓船數百艘，以精銳部眾攻南昌，丁德興再從朱元璋迎戰。陳友諒驚恐膽怯，東出鄱陽湖，企圖迴避。當陳友諒軍行至康郎山，丁德興奮勇抗敵，連戰三日，敵軍大敗，陳友諒戰死。此後，丁德興從朱元璋平武昌，克廬州，略定湖南衡陽諸郡。後再敗張士誠兵於舊館（今浙江吳興縣舊館村），下湖州，圍平江，不久卒於軍，贈都指揮使。洪武元年（1368 年）追封濟國公，列祀功臣廟。

沐英（1345-1392 年）

字文英，安徽定遠人。沐英幼年父母相繼亡故，8 歲時被朱元璋收為義子，從朱姓，在朱元璋夫婦身邊生活。[224] 沐英「數從上征伐，入侍帷幄，晝夜勤勵，目無迕視」[225]。18 歲被授帳前都尉，開始擔當軍事要任。後擢指揮使，縱橫閩贛兩省，所向無敵。

1370 年（洪武三年），沐英被授鎮國將軍，僉大都督府事；次年升本府同知。大都督府是明初軍事中樞，掌天下兵馬，沐英在府中 7 年，處事

223　白壽彝：《回族人物誌‧明代》，寧夏人民出版社，1988 年，第 18 頁。
224　白壽彝：《回族人物誌‧明代》，寧夏人民出版社，1988 年，第 20 頁。
225　《明史‧沐英傳》。

果斷，剖決無滯，深得朱元璋器重。洪武九年（1376 年）十一月，鄧愈為征西將軍，沐英為副將軍，出征吐蕃。次年四月，鄧愈、沐英統兵至甘青，分三路前進，略川藏，兵鋒至崑崙山。回師中，鄧愈死，沐英率師返回，因功封西平侯。洪武十一年（1378 年）八月，沐英為征西將軍，和藍玉等統兵西征。初勝土門峽，再進俘洮州（今甘肅臨潭縣）│八番族頭領。次年二月，朱元璋認為「洮州西番門戶，今築城戍守，是扼其咽喉也」[226]，遂置洮州衛，沐英修洮州衛城（今臨潭縣新城，古城遺址保存完好）。洪武十三年（1380 年），朱元璋命沐英率兵進擊和林，一戰而定，俘元國公脫火赤等率領的一支殘元勢力。

平定和治理雲南是沐英軍政生涯的巔峰時期。洪武十四年（1381 年）九月，朱元璋以傅友德為鎮南將軍，藍玉、沐英為副將軍，提兵三十萬征雲南，沐英為前鋒，出奇制勝，直取入滇嚓喉之地曲靖，突破白石江防線，擊潰元梁王所遣十萬大軍，梁王把匝剌瓦爾密聞訊自殺。沐英、藍玉直下昆明，僅百餘日掃平雲南殘元勢力。次年閏二月，沐英隨藍玉將兵攻大理，掃平段氏數百年割據勢力。

沐英鎮守雲南期間，置衛所、辟驛道、重農桑、修水利、開鹽井、促商業、興教育，促進了雲南的穩定發展，加強了邊疆與內地的連繫。

洪武二十五年（1392 年）六月，沐英病卒於雲南，年僅 48 歲。朱元璋十分痛心，命歸葬京師。追封黔寧王，諡昭靖，享太廟。沐氏家族從沐英開始鎮守雲南，世代相傳，至明清之際的沐天波結束，這個家族作為雲南王與明朝相始終。

226　《明史》卷三百三十。

第十三章　回族名人

藍玉（？-1393 年）

安徽定遠縣人，洪武後期著名將領，多次領兵打擊元朝殘餘勢力，為明朝統一中國作出了重要貢獻。[227] 藍玉為常遇春妻弟，早年隸常遇春帳下，作戰勇敢，善謀斷，受到朱元璋器重，初授管軍鎮撫，後升武德衛千戶，旋改任親軍千戶，積功至武德衛指揮使。洪武五年（1372 年），藍玉為大將徐達前鋒，在山西境內初敗元末軍閥擴廓帖木兒（王保保），覆敗擴廓帖木兒於土剌河（今蒙古國圖拉河）。洪武十一年，與沐英統兵西征甘青，置洮州衛，因功封永昌侯。洪武十四年（1381 年），隨征南大將軍傅友德掃平雲南割據勢力。洪武二十一年夏四月，藍玉率兵大敗北元殘餘勢力於捕魚兒海（今貝加爾湖），朱元璋聞訊後興奮異常，比藍玉為漢之衛青、唐之李靖，大加褒獎，後封涼國公，藍玉的政治軍事生涯達到巔峰。洪武二十六年（1393 年）藍玉以謀反罪被殺，夷三族。

馮勝、馮國用

安徽定遠縣人，朱元璋率軍至定遠妙山時，馮國用（1323-1358 年）帶著兄弟馮勝前來歸附。[228] 朱元璋遂向他詢問天下大計，馮國用答道，「金陵（今南京市）龍蟠虎踞，帝王之都。先拔之，以為根本，然後四山征伐，倡仁義，收人心，勿貪子女玉帛，天下不足定也！」[229] 朱元璋聽後大悅，當即留他在自己身邊當謀士。後來朱元璋採納馮國用的建議，定都南京。

馮國用屢建軍功，擢升親軍都指揮使。元至正十九年（1359 年）四月十五日，在攻打浙江紹興之役中，因疾卒於軍中。洪武三年（1370 年）追

227　白壽彝：《回族人物誌·明代》，寧夏人民出版社，1988 年，第 26 頁。
228　白壽彝：《回族人物誌·明代》，寧夏人民出版社，1988 年，第 33 頁。
229　《明史·馮國用傳》。

封郢國公。

馮勝（？ -1395 年），安徽定遠縣人，馮國用弟，襲兄職主管親軍，曾轉戰安徽、江西、山東、遼東、山西、河南及西北各地，最後迫降北元丞相納哈出，戰功赫赫，累進親軍都護、征虜右副將軍、征西將軍、征虜大將軍等，封宋國公。馮勝功高望重，屢遭奸邪讒毀，洪武二十八年（1395 年）被賜死。

三、鄭和七下西洋

英國學者李約瑟在《中國科學技術史》中說：「當世界變革之序幕尚未揭開之前，即十五世紀上葉，位於地球之東方，在波濤萬頃之中國海面，直到非洲東岸之遼闊海域，呈現出一幅中國人在海上稱雄的圖景：這一光耀燦爛之景象，就是鄭和下西洋」[230]。這裡，李約瑟所說的「世界變革」指現代世界歷史的開啟與「新航路的開闢」和「地理大發現」。長久以來，「新航路的開闢」和「地理大發現」與歐洲的歷史並軌在一起，成為一個不被質疑的歐洲神話。然而這個神話在 21 世紀初被顛覆了。2002年英國歷史學家加文‧孟席斯遍訪 120 多個國家，查閱 900 多個圖書館和博物館的資料，積 14 年的潛心研究，出版了其巨著《1421：中國發現了世界》，以詳實的資料向世人宣布：「鄭和首先環球航行發現新大陸」。[231]中國郵政主管部門曾兩次發行《鄭和下西洋》紀念郵票，體現了國家對這位偉大航海家的尊敬與讚賞。

230　（英）李約瑟著，陸學善等譯：《中國科學技術史》，上海古籍出版社，2003 年。
231　（英）加文‧孟席斯：《1421：中國發現世界》，京華出版社，2005 年。

第十三章　回族名人

（一）才負經緯，七下西洋的和平之旅

鄭和（1371-1433 年），原姓馬名和，小名三保或三寶，雲南昆陽（今晉寧）人。出生於雲南顯赫的穆斯林世家，是元代著名的政治家賽典赤‧瞻思丁的六世孫。曾祖父賽典赤‧伯顏（納速喇丁長子）曾在元朝任刺桐城（福建泉州）長官，世祖晚年至成宗時期兩度入相（中書平章政事），元大德十一年（1307 年）因參與安西王阿難答與元武宗海山的奪位事件，事敗被殺。[232] 鄭和祖、父均稱哈知，都曾前往麥加朝覲。[233] 明洪武十四年（1381 年）九月，付友德、藍玉、沐英征雲南，滅元梁王殘餘政權，俘前朝權貴子弟，十二歲的鄭和作為俘虜入燕王朱棣宮為太監。明洪武二十三年（1390 年），燕王朱棣受封北平，督師北伐蒙古北元政權。當時身為宦官的鄭和以文武雙全、精明果敢，深受燕王的賞識。建文元年（1399 年），29 歲的鄭和「以內臣從燕王起兵靖難，出入征戰」[234]。特別是在建文三年（1401 年）的鄭村壩（今北京東）一戰中，功勛卓著，受到朱棣器重。朱棣賜其姓鄭，擢升為司禮監掌印太監，故時人稱之為「三保太監」或「三寶太監」。

鄭和一生最偉大的成就是作為「欽差總兵正使」，率領由 62 艘寶船和百餘艘供應船隻組成的龐大外交使團，歷時 28 年（1405-1433 年），七下西洋，最遠到達非洲東岸肯尼亞的蒙巴薩，訪問了亞非沿岸 30 多個國家和地區，揭開了世界「大航海時代」的序幕。

永樂三年六月，鄭和攜帶明成祖朱棣給各國的「敕書」，率領 27800 餘名將士，分乘 62 艘寶船和 140 餘艘其他船隻，滿載織錦綢緞、布匹、陶

232　敏賢麟：《蒙古游牧文明與伊斯蘭教文明的交匯》，宗教文化出版社，2010 年，第 325～326 頁。
233　白壽彝：《回族人物誌‧明代》，寧夏人民出版社，1988 年，第 47 頁。
234　《明史》，上海古籍出版社，2007 年。

器、瓷器、金銀銅鐵器及錢幣、饋贈品等，從江蘇太倉劉家港出海，開始了第一次下西洋。船隊經福建五虎門，抵占城（今越南中南部）、爪哇、蘇門答臘、南渤里（以上均屬今印度尼西亞）、錫蘭山（今斯里蘭卡）、古里（今印度科澤科德）等國，於永樂五年（1407 年）九月初還朝。

永樂六年（1408 年）九月底，鄭和沿著第一次開闢的航路，開始了第二次下西洋。船隊先後抵達占城、暹羅（今泰國）、爪哇、滿刺加（今馬六甲）、南渤里、錫蘭山、加異勒（今印度南端卡亞帕塔納姆）、柯枝（今印度柯欽）、古里等國。此次航行，鄭和每至一國即開讀朱棣「敕書」，要求各國「只順天道，屬守朕言，循理安分，勿得違越，不可欺寡，不可凌弱」，歡迎各國「虔誠來朝」[235]。完成任務後，於永樂七年（1409 年）六七月間返朝。

永樂七年（1409 年）至宣德五年（1430 年），為鞏固明朝同已通好國家的關係，並開拓新的對外友好關係，鄭和率船隊又先後五次下西洋。船隊途徑占城、彭亨（今屬馬來西亞）、爪哇至滿刺加、蘇門答臘、南渤里、翠蘭嶼（今大尼科巴島）、錫蘭、柯枝、古里、西行至忽魯謨斯（今伊朗霍爾木茲島）、祖法兒（今多法爾）、阿丹（今也門亞丁）、刺撒（今也門木卡拉附近），南至非洲東海岸木骨都束（今索馬里摩加迪沙）、卜喇哇（今索馬里布臘瓦）、麻林（今肯尼亞馬林迪）等地。其中第四次下西洋時鄭和乘便到麥加完成朝觀；第五次下西洋發現了中國到亞丁灣，再由亞丁灣到非洲東部的新航線。宣德八年（1433），使團抵達古里時，鄭和病逝，船隊由王景弘統領，於同年七月返回南京。[236]

235　鄭和下西洋 600 週年紀念活動籌備領導小組：《鄭和下西洋研究文選（1905-2005）》，海洋出版社，2005 年。

236　楊懷中：《回族試論稿》，寧夏人民出版社，1991 年，第 242 頁。

第十三章　回族名人

和平之旅的歷史意義與啟示

鄭和船隊在太平洋和印度洋上開闢了橫渡印度洋直達非洲，以及通往阿拉伯諸國的新航路，並在印度洋和南洋的各個海域分別開闢了多條新航線，對後來的印度洋和南洋航海所採用的航線有很大的影響。《鄭和航海圖》中所注的過洋牽星數據及所附四幅過洋牽星圖，為後世留下了中國最早、最具體完備的關於牽星術的記載。鄭和下西洋既使亞非各國人民增進了對中國的了解，又使中國人民在認識亞非國家方面大大開闊了眼界。特別是由鄭和隨行人員馬歡、費信、鞏珍分別撰寫的《瀛涯勝覽》、《星槎勝覽》和《西洋番國志》，對下西洋所到國家和地區的位置沿革、重要都會、地理形勢、宗教信仰、風俗習慣、物產氣候等都做了詳細的描述，使中國人民對東南亞、北印度洋沿岸、阿拉伯海、紅海乃至非洲東海岸一帶的廣大地區有了更多的了解和認識。

鄭和是中國明朝睜眼看世界的第一人，中國海防策略思想的開拓者，鄭和曾說：「欲國家富強，不可置海洋於不顧。財富來於海，危險亦來自於海上。一旦他國之君奪得海洋，華夏危矣。」[237] 這些有遠見的海洋觀和海防思想已被 1840 年代鴉片戰爭的失敗所驗證。

鄭和七下西洋在東西方文明交匯發展的歷史進程中開闢了一個新時代。這一壯舉是東方文明的里程碑，又是中世紀世界歷史轉折的界標。鄭和下西洋規模之大，時間之長，範圍之廣，達到了當時世界航海事業的頂峰，下列一組數字，可以對鄭和航海在人類歷史上的定位有一個更為清晰的認識。第一次下西洋比哥倫布早了 87 年，比達‧伽瑪早了 92 年，比麥哲倫早了 114 年；他所率領的船隊人數是哥倫布的 309 倍，是達‧伽瑪的

237　鄭和下西洋 600 週年紀念活動籌備領導小組：《鄭和下西洋研究文選（1905-2005）》，海洋出版社，2005 年。

174 倍，是麥哲倫的 109 倍；他所統領的船隻數是哥倫布的 67 倍，是達‧伽瑪的 50 倍，是麥哲倫的 40 倍；他所帶領的船舶的噸位是哥倫布的 28 倍，是達‧伽瑪的 58 倍，是麥哲倫的 54 倍。李約瑟稱鄭和下西洋時間最早，規模最大，造船工業技術最發達，航海技術最先進。英國將軍孟席斯說「鄭和是環球航海第一偉人」。國學大師梁啟超說：「及觀鄭君，則全世界歷史上所號稱航海偉人，能與並肩者，何其寡也。……前有司馬遷，後有鄭和，皆國史之光也！」[238]

在鄭和所代表的東方時代，中國擁有世界最龐大的海軍，最先進的戰船，最發達的火藥武器，中國擁有霸權的能力，卻沒有發動戰爭，沒有殖民，沒有掠奪，沒有奴隸貿易……他的航海沒有血腥，他帶給世界的是和平，是多元文化的平等交流與相互尊重。在中國的鄭和時代，作為當時世界上最強盛的國家，對別的國家採取的就是絕不強加於人的態度，鄭和七下西洋應當說是「世界各國友好交往互通有無的典範」。[239]

四、清官海瑞

海瑞（1514-1587 年），明代著名政治家，海南瓊山人，字汝賢、國開，自號剛峰，中國歷史上的著名清官。初任福建南平教諭，後升浙江淳安和江西興國知縣。在此期間，海瑞推行清丈、平賦稅，並屢平冤假錯案，打擊貪官汙吏，深得民心。嘉靖四十五年（1566 年），時任戶部主事的海瑞別妻子，散僮僕，以死上疏，勸說世宗不要相信方士的騙術，應振興朝政，因而激怒世宗，詔命下獄論死。宰相徐階力救海瑞，黃光升則把

238　梁啟超：《飲冰室全集》，上海會文堂書局。
239　轉引自《走出中國 —— 紀念鄭和下西洋 600 週年》，中國網，2005-07-15。

海瑞上書比擬兒子罵父，以減輕罪責，並乘機把海瑞留在獄中，營護海瑞甚力，[240] 直至同年十二月世宗駕崩，穆宗即位，才奏請釋放海瑞出獄。隆慶三年（1569 年）海瑞調升右僉都御史，他一如既往，懲治貪官，打擊豪強，疏濬河道，修築水利工程，並推行一條鞭法，強令貪官汙吏退田還民，遂有「海青天」之譽，深受百姓的愛戴。後遭反對變法者的排擠，說他「庇奸民，魚肉縉紳，沽名亂政」[241]，革職閒居 16 年之久。萬曆十三年（1585 年），海瑞重新被起用，先後任南京吏部右侍郎、南京右僉都御史，力主嚴懲貪官汙吏，禁止徇私受賄。

萬曆十五年十月十四日（1587 年 11 月 13 日）海瑞在南京病逝。海瑞病逝的消息傳出後，百姓奔走相告，如失親人。海瑞靈柩從南京經水路運回家鄉時，江兩岸站滿了送葬人群，表達了百姓對海瑞的悼念。

五、思想家李贄

李贄（1527-1602）字卓吾、福建泉州人，回族，明代後期的思想家、史學家和文學評論家。[242]

李贄祖姓林，六世祖林弩是泉州巨商，航行往來波斯灣，娶「碧眼女」為妻，與中世紀穆斯林胡賈番客建立了血緣關係。受多元文化影響的家庭培養了李贄思想獨立，敢於反傳統的精神氣質。嘉靖三十一年（1552 年），李贄中舉，歷任河南共城（今輝縣）教諭、南京國子監博士、禮部司務、南京戶部員外郎、雲南姚安知府等職，李贄宦海浮沉 21 年，政績乏善可陳。離開政界後，還作過 12 年的私塾先生，一面教書，一面潛心

240　詳見《中國歷史大辭典》第 3681 頁。
241　《明史·海瑞傳》，上海古籍出版社，2007 年。
242　白壽彝：《回族人物誌·明代》，1988 年，第 76 頁。

鑽研學問。這種仕途歷練讓他結識了許多知識分子和各地各階層人士。廣泛的社會交往，增加了他思考社會歷史和人生的興趣，為他以後著書立說創造了條件。

李贄著述甚豐，主要有《焚書》三卷，萬曆十八年（1590年）刊於湖北麻城。《續焚書》五卷，是在他去世16年後刊印的。《藏書》八十八卷，萬曆二十七年（1599年）刊於南京。《續藏書》二十七卷，也是在他逝世後刊印的。《焚書》、《續焚書》是理論性著作，反映了李贄的哲學思想、社會思想、史學思想，是李贄的代表作。《藏書》和《續藏書》是歷史人物傳記。李贄死時，所有已刊各書均被禁毀，但當年的士子人人以挾李贄的《藏書》、《焚書》為奇貨。

在宋明理學思想居主導地位的社會環境中，李贄筆鋒犀利，把批判的矛頭直指孔子和宋明理學家，猛烈抨擊理學家的虛偽性，表現了他探究真理，不怕犧牲的精神。李贄旗幟鮮明地反對「以孔子之是非為是非」和宋明理學家提出的「去人欲、存天理」的說教，但在儒、釋、道三教之中，仍傾向於前者，肯定「真道學」所追求的「為生民計」的理想人格；李贄反對理學家鄙視婦女的封建思想，提倡男女平等。認為卓文君私奔是「正獲身，非失身」，是實現了自我價值。在《夫婦論》中李贄提出：「夫婦，人之始也。有夫婦然後有父子，有父子然後有兄弟，有兄弟然後有上下。夫婦正，後萬事無不出於正。」把夫婦置於人倫之首，有悖於三綱五常的等級秩序，但與伊斯蘭的人倫理念相契合；李贄主張社會平等，斷言「堯舜與途人一，聖人與凡人一」；李贄反對儒家文化中重農抑商的傳統，讚美商賈對國計民生發揮的作用。李贄因思想和學術問題最後被迫害致死，著名學者朱維之因此「把李贄之死與古希臘哲學家蘇格拉底之死並

列，充分肯定了李贄在思想史上的地位」[243]。

六、五朝元老馬文升

　　馬文升（1426-1510 年），字負圖，號約齋、三峰居士，鈞州（今河南禹州市）人，景泰進士，「是明代回族中著名的政治家」。初任地方官及朝廷司法官，後供事於朝，官場沉浮56年，先後經歷景泰、天順、成化、弘治、正德五朝，出將入相，事業赫然。馬文升在御史任上，執法不阿，翦暴除奸，有「神君」之稱。在陝西巡撫任上，修固衛所，簡練軍士，繁榮茶馬貿易，維護社會安寧。後升任兵部侍郎和兵部尚書，主持兵部達 13 年之久，「整肅軍旅」，嚴軍紀、刊武書、習兵法、利甲兵，興屯田，振武備。後又任吏部尚書，在其任上「輔君恤民」、「整頓吏治」，汰除冗職，振作綱紀，注重邊疆建設和民族團結，諫勉皇帝「視民如己之子，節財如己之肉」，多有建樹。因其梗介、為官清正，廉明奉公，不媚權貴宦閹，風裁甚著，至老不改其性，兩遭冤獄，85 歲含憤辭世。馬文升死後，朝廷追復他的官銜，加贈「特進光祿大夫、太傅」，予謚「端肅」。嘉靖初，加贈文升左柱國、太師。[244]

　　此外，在有明一代，文治官員鐵鉉、馬自強、孫繼魯、詹沂，邊將麻貴、達雲都是名載史冊的人物。

243　喇敏智主編：《回族對偉大祖國的貢獻》，甘肅民族出版社，2006 年，第 120 頁。
244　白壽彝：《回族人物誌·明代》，寧夏人民出版社，1988 年，第 55 頁。

七、反清起義鬥士米喇印、丁國棟、杜文秀

米喇印、丁國棟

米喇印（？-1648 年），甘肅省甘州（今張掖市人），回族，行伍出身，甘肅副將。

丁國棟（？-1650 年），甘肅人，回族，前明軍官。

清軍入關後，民族矛盾激化，中原各族人民掀起反抗滿洲貴族的洪流，大順、人西農民軍堅持抗清，京畿人民發起反「圈地」抗爭、江南人民反「剃髮」抗爭，自李自成、張獻忠先後戰死，南明福王、魯王、唐王政權相繼失敗，江南各地反清起義也被剿滅。南明桂王政權在漢奸吳三桂的壓迫下流亡緬境，行將滅亡。正當全中國反清形勢萬馬齊喑之際，米喇印、丁國棟卻在甘肅扯起「反清復明」大旗，舉行起義，這對當時剛剛穩定統治的清朝統治者而言無異於晴天霹靂，幾乎動搖其在西北的統治根基。激起這次事變的主要原因是，清軍入關後實行野蠻的民族壓迫政策，強制要求漢族和其他兄弟民族的人民放棄唐宋以來的服飾文化傳統，改穿滿族服飾，採用滿族髮式。順治四年（1647 年），清攝政王多爾袞下諭在全中國強行「易服剃髮」，改變了人們的形象，傷害了漢族的民族感情，也損害了回族人民的民族尊嚴。米喇印說：滿人「強人以難堪，與其豬尾長拖，為人竊笑，何如鴻飛遠走，賦我遂初。」丁國棟深表同感，鼓勵米喇印「恢復」明朝，行「漢竇融、晉張軌之所為」[245]。

順治五年（1648 年），清廷調遣甘州之兵前往川、滇鎮壓南明永曆帝抗清力量，甘肅防務空虛，米喇印、丁國棟乘機於 1648 年 3 月在甘州起

245　慕壽祺：《甘寧青史略》卷十七。

第十三章　回族名人

義，廢順治年號，揮戈東進，各地回漢人民「一呼百應」，連克涼州、古浪、莊浪（今永登），殺涼州副將毛鑌等，很快控制河西走廊。後義軍東渡黃河，攻克蘭州及周邊各縣，米喇印入蘭後，奉故明延長王朱識為主，號令各地反正，起義聲勢進一步擴大。在甘的前明遺臣、士紳「欣而往降」，伏羌、河州、岷州、洮州等地回漢各族人民紛紛響應，「關隴大震」。陝甘總督孟喬芳督率在甘各路清軍和馳援的八旗軍分頭圍剿義軍，義軍寡不敵眾，節節敗退，清軍攻下蘭州後，延長王朱識被俘遇害，五月底，米喇印、丁國棟率殘部退往涼州，在永昌義軍與清軍發生激戰，米喇印戰死，義軍餘部由丁國棟率領退保甘州。順治六年（1649 年）八月，各路清軍圍攻甘州。雙方激戰數十次，相持五晝夜，義軍在矢盡糧絕的情況下撤往肅州，十一月二十九日，肅州淪陷，丁國棟等起義將領被俘就義。米喇印、丁國棟起義是甘肅回族、漢族人民參加的聯合起義。這次起義聲援了全中國各地人民的抗清鬥爭，打擊了清王朝在甘肅的腐敗統治，鎮壓了大批貪官汙吏和土豪劣紳。近代甘肅漢族學者慕壽祺評論米喇印、丁國棟說：「及觀其奉故明延長王朱識，證以父老所傳，始知當日此舉，意在排滿，以響應東南，不圖穆教有此革命人才，足為隴右光。清史以叛逆目之，何所見之不廣耶？」[246] 慕壽祺認為清初甘肅回族中出現米喇印、丁國棟，實為革命人才，是甘肅的光榮，而清史記載中把他們列為叛逆之類是缺乏史學眼光的。

杜文秀

清朝政府自嘉慶、道光以來吏治腐敗，社會矛盾激化，危機四伏。又對回族實行空前的高壓政策，民族矛盾日益突出。這時雲南地方回漢兩族

246　慕壽祺：《甘寧青史略》卷十七。

七、反清起義鬥士米喇印、丁國棟、杜文秀

偶因瑣事發生衝突，清朝統治者利用矛盾操持兩端，分而治之。回族人民喊冤難告，嫌怨日深，從而釀成了大規模的回漢械鬥和屠回巨案。

杜文秀（1823-1872年），雲南省永昌府保山縣人。16歲補廩生，中秀才。道光二十五年（1845年）永昌府保山城北板橋漢回鄉民對歌，發生辱回事件，引起雙方械鬥。清朝地方反動官員歧視少數民族，借漢族反動會道門「香把會」組織，屠殺保山城回民。同年十月二日夜，保山城「香把會」首領沈聚帶領三千壯丁按事先約定，對城內無燃香敬門神之戶（全係回民）不分男女老幼盡行屠殺，數千回民罹難，逃脫藏匿山林者僅數百人。[247]

道光二十六年（1846年），杜文秀向雲貴總督賀長齡上訴，長齡未能秉公辦理。杜文秀與丁燦庭、白廷楊、劉義、沐文科北上京城叩閽，要求嚴懲永昌屠回案的兇犯，為死者昭雪。二十七年七月，道光帝命陝西巡撫林則徐為雲貴總督「赴滇審辦」。林則徐以「只問良莠，不分回漢」相標榜，實為永昌官紳所左右，認為滇西回民「良善少而頑梗多」，判回民四百九十一名，冤殺各縣回族士紳七十六人。[248] 更以「安撫」為名，將保山子遺「回民二百餘戶分起押送前往」瘴毒之地潞江西岸的官乃山居住。[249] 杜文秀於二十七年九月被刑部押解回滇，他看到永昌慘案如此了結，從此不再對清廷抱有幻想，遂暗中結盟，建立了「忠義堂」、「永勝堂」，聯絡各地義士，宣傳太平天國金田起義消息，最終被迫走上了武裝反清的道路。

咸豐六年（1856年）八月杜文秀在蒙化率眾起義，九月十六日奪取大理城。九月二十五日，杜文秀被推為「總統兵馬大元帥」，建立大理政

247　邱樹森主編：《中國回族史》，寧夏人民出版社，1996年，第579～580頁。
248　馬元：《林則徐與「白綾血書」》，《雲南回族社會歷史調查》，雲南人民出版社，1988年。
249　《林則徐敘文集》，第1171頁。

第十三章　回族名人

權。杜文秀高舉反清革命旗幟，大理政權提出了「連回漢為一體，堅立義旗，驅逐韃虜，恢復中華，剪除貪汙，出民水火」的宗旨。奉行民族平等政策，規定各族之間「均宜一視同仁，不準互相凌虐。違者，不拘官兵，從重治罪。」[250] 這一政策對於當時「民族仇殺」事件層出不窮的雲南來說，意義更加重大。

大理政權在用人方面，實行唯才是舉的原則，大量吸收非回人才參加到各級軍政機構，德才出眾者還委以重任。如大司寇李芳園是漢族，大司衡姚得勝是白族，大司藩李正學是彝族。大理政權關注民生，發展生產，興利除弊，輕賦薄斂。大理政權制定的《管理軍政條例》規定：「攻破城池，三日內招撫流離，不準姦淫搶擄，焚燒民房，亦不準擅自殺人，藉故復仇。」「文武官員，無論鎮守地方，或攻開地方……倘有以官壓市，輕價估賣，使百姓含冤不服……一經察覺，不論大小官員，擬斬。」並嚴禁士兵「無故下鄉，滋擾良民」、「縱放牲畜，踐踏田禾。」規定「每年徵糧一次，其餘大小苛斂一律豁免。」[251] 並發放耕牛、種子，招民墾荒，興修水利，擴大農田。這些政策的執行，使農業生產得到恢復和發展，大理地區人民安居樂業，深得民心。

1867 年，杜文秀調大軍 20 萬，東征昆明。1868 年 2 月間，昆明已處於西、南、北三面包圍之中。這時大理政權發展到頂峰，共占有全滇 53 座城池。可惜這時太平天國起義已經失敗，清廷能夠抽調優勢兵力來對付大理政權。直到 1869 年，昆明仍未攻下。1870 年，各路清軍發動猛攻，義軍失利，20 萬大軍大部分陣亡。

此後，由法國洋槍洋炮武裝的清軍迅速向大理政權發動全面進攻。

250　《管理軍政條例》轉引自白壽彝《回民起義》（上海書店，2000 年）。
251　《管理軍政條例》轉引自白壽彝《回民起義》（上海書店，2000 年）。

1872 年 11 月，清軍兵臨大理城下，這時義軍主要將領彪旗大將軍楊榮叛變。清軍用開花洋炮四面環攻，並挖道地穿城下點燃火藥攻之。杜文秀冒死指揮作戰，義軍退守帥府和幾座清真寺內，誓死抵抗。二十六日，為保全百姓性命，杜文秀服毒（民間傳說服孔雀膽）後赴清營。大理城破後楊榮等已降的大理政權高級軍政人員盡被殺，十一日，大理城內外回民被驅趕全洛陽村，以大軍圍困，屠殺持續三天兩夜，男女老少無倖免者，鮮血染紅洱水。

八、抗日名將白崇禧

　　白崇禧（1893-1966 年），字健生，經名烏默爾，廣西臨桂（今桂林）人。1916 年畢業於保定陸軍軍官學校。1917-1922 年任桂軍連長、營長、統領。1923 年被孫中山任命為廣西討賊軍參謀長。1924 年任定桂討賊軍前敵總指揮兼參謀長，1925 年結束舊桂系軍閥對廣西的統治，成為新桂系首領之一，地位僅次於李宗仁、黃紹竑。北伐時期，白崇禧率新桂系軍隊轉戰蘇皖江浙，所向皆克，為國民黨統一中國建立了殊勳。白崇禧膽識超人，用兵擅長謀略，記憶力驚人，善於捕捉戰場訊息，在國民黨將領中素有「小諸葛」的雅號，其卓越的軍事才能為軍政領導高層看重，甚至後來日本人也稱之為「戰神」。

　　「盧溝橋事變」後不久，蔣介石電召白崇禧「共赴國難」。1937 年 8 月 4 日，白崇禧從桂林乘蔣介石派來的水陸兩用坐機到南京。第二天，日本報紙即作報導《戰神到了南京，中日戰爭終不可避免》。[252]

　　白崇禧抵京不久，蔣介石委任白崇禧為副總參謀長，並兼任軍訓部

252　蘇志榮、范銀飛：《白崇禧回憶錄》，解放軍出版社，1987 年。

長，參與制訂作戰計劃，成為抗戰時期國民黨軍最高統帥部的主要決策者和指揮者。白崇禧提出了「游擊戰與正規戰相配合，積小勝為大勝，以空間換時間」的策略思想，對持久抗戰有著較為清醒的認識。積極參與制訂了淞滬作戰計劃，並親臨前線督戰。後又參與制定徐州會戰方案，是台兒莊大捷的主要策劃者、指揮者之一。代行第五戰區長官職務，指揮武漢保衛戰。任桂林行營主任後，親自指揮了桂南會戰和長沙會戰，其中桂南會戰兩度挫敗日軍大兵團進攻，收復崑崙關。長沙會戰後，白崇禧主持編寫了《游擊戰綱要》一書，認為游擊戰是長期抗戰，消耗敵人，爭取主動地位的戰法。《游擊戰綱要》成為國民黨軍事院校研討游擊戰的教本與實施游擊戰的依據，其中白崇禧所制定的六條對日軍作戰的指導原則，後來便成為各戰區對日作戰的基本原則。白崇禧以其卓越的軍事才能為中華民族抗日反帝戰爭的勝利建立了不可磨滅的功勳。

白崇禧關心回族的發展，積極組織回民愛國團體，支持發展回族教育，培養各種人才。1938 年 5 月「回民救國協會」在漢口成立，他被推舉為理事長。同時，在桂林「中央陸軍軍官學校」（即黃埔軍校）第 6 分校內，專設回民大隊，號召回族青年報考入學，當時雲南一省就有 300 多回民青年報名響應，後錄取 200 多人。他委任回民上校主任教官尹光宇主持回民大隊學生的生活。據統計，從該校畢業的回民學生約 2,000 多人，不少成為抗日將官，也有不少為國捐軀。

參考書目

著作類

01. 阿米列·羅舍著，曾覺之譯：《清乎雲南回民起義始末》，轉引自《回族備征志》，北師大史學所回族人物誌編寫組，1986年。

02. 白壽彝：《白壽彝民族宗教論集》，北京師範大學出版社，1992年。

03. 白壽彝：《中國伊斯蘭史存稿》，寧夏人民出版社，1983年。

04. 白壽彝：《中國回教小史》，寧夏人民出版社，2000年。

05. 白劍波：《清真飲食文化》，陝西旅遊出版社，2000年。

06. 寶鋆等修：《籌辦夷務始末》，文海出版社，1971年。

07. 只青喬：《咄咄吟》，1914年嘉業堂刊本。

08.（波斯）拉施特著，余大鈞、周建奇譯：《史集》，商務印書館，1985年。

09. 康有璽譯：《布哈里聖訓實錄》，香港基石出版有限公司，2008年。

10. 蔡冠洛：《清代七百名人傳》，北京圖書館出版社，1984年。

11. 陳邦瑞等纂：《欽定平定雲南迴匪方略》，清光緒22年鉛印本。

12. 陳垣：《元西域人華化考》，上海古籍出版社，2000年。

13.《德國外交文件有關中國交涉史料選譯》第二卷，商務印書館，1960年。

14. E.B. 泰勒著，連樹聲譯：《原始文化》，上海文藝出版社，1992年。

15. 馮今源、沙秋真：《伊斯蘭教歷史百問》，今日中國出版社，1989年。

16. 傅統先：《中國回教史》，寧夏人民出版社，2000年。

17. 甘南藏族自治州地方史志編纂委員會編：《甘南藏族自治州志》，民族出版社，1999年。

18. 郭厚安主編：《甘肅古代史》，蘭州大學出版社，1989年。

19. 馬堅譯：《可蘭經》，中國社會科學出版社，1984年。

20. 顧炎武：《日知錄》，遠方出版社，2001年。

21. 橫香室主人：《清朝野史大觀》，中華書局，1915年。

22. 黃時鑑點校：《通制條格》，浙江古籍出版社，1986年。

參考書目 ——————————————————

23. [後晉] 劉昫:《舊唐書·肅宗本紀》,1957 年中華書局版點校本。

24. [明] 黃金:《皇明開國功臣錄》,台北文海出版社,1988 年。

25. 《明太祖實錄》,上海書店出版社,1990 年。

26. [明] 王岱輿:《正教真詮·清真大學·希真正答》,寧夏人民出版社,1988 年。

27. (摩洛哥)伊本·白圖泰著,馬金鵬譯:《伊本·白圖泰游記》,寧夏人民出版社,2000 年。

28. 金宜久:《中國伊斯蘭探祕》,東方出版社,1999 年。

29. 金宜久:《伊斯蘭教史》,鳳凰傳媒集團、江蘇人民出版社,2006 年。

30. 李樹江:《回族民間文學史綱》,寧夏人民出版社,1989 年。

31. 喇敏智主編:《回族對偉大祖國的貢獻》,甘肅民族出版社,2006 年。

32. 李煥乙:《清真先正言行略》,民國 6 年(1917 年)刻本。

33. 李松茂:《回族伊斯蘭教研究》,寧夏人民出版社,1993 年。

34. 梁啟超:《飲冰室全集》,上海會文堂書局。

35. 梁廷楠:《粵海關志》,廣東人民出版社,2002 年。

36. 林則徐:《林則徐全集》,海峽文藝出版社,2002 年。

37. 劉智:《天方典禮》,天津古籍出版社,1988 年。

38. 劉智:《天方性理》,中州古籍出版社,1994 年。

39. 劉智:《天方典禮擇要解》,清同治 10 年(1871 年)刻本。

40. 劉致平:《中國伊斯蘭教建築》,新疆人民出版社,1985 年。

41. 劉東聲、劉盛林:《北京牛街》,北京出版社,1990 年。

42. 馬德新:《四典要會》,青海人民出版社,1988 年。

43. 馬麗蓉:《踩在幾片文化上 —— 張承志新論》,高等教育出版社,1999 年。

44. 馬通:《中國伊斯蘭教派門宦與制度史略》,寧夏人民出版社,1995 年。

45. 馬以愚:《中國回教史鑒》,寧夏人民出版社,2000 年。

46. 勉維霖:《中國伊斯蘭宗教制度概論》,寧夏人民出版社,1997 年。

47. 苗普生、田衛疆著:《新疆史綱》,新疆人民出版社,2004 年。

48. 敏賢麟:《蒙古游牧文明與伊斯蘭文明的交匯》,宗教文化出版社,2010 年。

49. [清] 顧炎武:《天下郡國利病書》,崑山圖書館本。

50.《清史列傳》：中華書局（複本）。

51.《清宣宗實錄選輯》：大通書局，1984 年。

52.[清] 洪鈞撰：《元史譯文證補》，上海古籍出版社，1996 年。

53. 慕壽祺：《甘寧青史略》，蘭州俊華印書館，1936 年。

54. 內蒙古《蒙古族通史》編寫組：《蒙古族通史》，民族出版社，2000 年。

55. 邱樹森主編：《中國回族史》，寧夏人民出版社，1996 年。

56.（日）桑原騭藏著，陳裕菁譯：《蒲壽庚考》，中華書局，1954 年。

57.（日）真人元開著，汪向榮校註：《唐大和尚東征傳》，中華書局，1979 年。

58. 蘇志榮、沱銀飛：《白崇禧回憶錄》，解放軍出版社，1987 年。

59. 宋濂等著：《元史》，中華書局出版點校本，1976 年。

60.（蘇）威廉・巴托爾德：《中亞突厥史十二講》，中國社會科學出版社，1984 年。

61. 錫良：《記名提督雲南開廣鎮總兵白忠果公墓誌銘》，《沙甸回族史料》，1989 年。

62. 魏德新：《中國回族姓氏溯源》，新疆大學出版社，1999 年。

63. 吳淑英主編：《古今圖書集成》，中國戲劇出版社，2008 年。

64.《西北伊斯蘭教研究》，甘肅民族出版社，1985 年。

65. 徐珂：《清稗類抄》，中華書局，1986 年版。

66. 楊兆鈞：《雲南回族史》，雲南民族出版社，1994 年。

67. 姚錫光：《中日戰爭》，上海人民出版社，2000 年。

68. 岳珂：《桯史》，中華書局，2005 年。

69. 趙恭寅修：《瀋陽縣誌》，民國 6 年（1917 年）鉛印本。

70. 張懷武：《近現代回族愛國主義鬥爭史話》，寧夏人民出版社，1996 年。

71. 張星烺編註：《中西交通史料彙編》，中華書局，1971 年。

72. 張文德：《中亞蘇非主義史》，中國社會科學出版社，2002 年。

73. 趙爾巽主編：《清史稿》，中華書局，1977 年。

74. 莊景輝編校：《陳埭丁氏回族宗譜》，綠葉教育出版社。

75. 鄭鶴聲、鄭一鈞：《鄭和下西洋資料彙編（增編本上中下）》，海洋出版社，2005 年。

76. 周去非：《嶺外代答》，上海遠東出版社，1996 年。

77. 周瑞海、馬金寶：《回族愛國主義傳統教育讀本》，寧夏人民出版社，2002 年。

78. 周文玖：《史學史導論》，學苑出版社，2006 年。

79.（意）馬克·波羅《馬可波羅游記》，吉林出版集團有限責任公司，2009 年。

80.（伊朗）志費尼著，何高濟譯：《世界征服者史》，江蘇教育出版社，2005 年。

81.（英）包羅傑：《阿古柏伯克傳》，商務印書館，1976 年。

82.（英）加文·孟席斯：《1421：中國發現世界》，京華出版社，2005 年。

83.（英）李約瑟著，陸學善等譯：《中國科學技術史》，上海古籍出版社，2003 年。

84.[元] 忽思慧：《飲膳正要》，中央民族大學出版社，2009 年。

85.[元] 沙圖穆蘇：《瑞竹堂驗方》，上海衛生出版社，1957 年。

86.[元] 許有王：《至正集》，北京圖書館出版社，2000 年。

87.[元] 佚名撰：《居家必用事類全集》，上海古籍出版社，1996 年。

88. 楊懷忠、余振貴：《伊斯蘭與中華文化》，寧夏人民出版社，1995 年。

89. 楊志玖：《元史三論》，人民出版社，1985 年。

90. 丁克家：《至真至美的回族藝術》，寧夏人民出版社，2008 年。

文章類：

01. 白崇禧：《敬告全國回教同胞書》，《西北回民正論》。

02. 柏水生：《西道堂喜迎紅軍支持抗戰》，《民主協商報》1996 年 9 月 6 日。

03. 白宗正：《丹鵬晏烈士傳略》，《河南省民族宗教史志資料通訊》第 1 期。

04. 陳國光：《新疆伊斯蘭教史上的伊斯哈克耶 —— 兼論中國哲合林耶門宦的來源》，《世界宗教研究》1987 年第一期。

05. 顧頡剛：《回教的文化運動》，《月華》第 9 卷。

06. 海正忠：《回族學者翻譯家馬安禮》，《中國穆斯林》2004 年 3 期。

07. 和龔：《馬福祥年譜概略》，《寧夏文史資料選輯》第十二期。

08. 李士厚：《鄭和家譜考釋》，轉引自羅侖《論朱棣賦予整合的外交任務》（《鄭和下西洋論文集》第 2 集，南京大學出版社，1985 年）。

09. 劉清揚：《五四運動在天津》，《近代史料集》1958 第 2 輯。

10. 魯忠慧：《日本對中國伊斯蘭教研究概述》，《回族研究》2000 年第 6 期。

11. 盧智泉：《回憶熊晉先生在辛亥義前後》，《辛亥首義回憶錄》第 4 期。

12. 馬鴻賓：《清振威將軍總兵馬公行狀》，轉引自《回族對偉大祖國的貢獻》。

13. 馬元：《林則徐與「白綾血書」》，《雲南回族社會歷史調查》，雲南人民出版社，1988 年。

14. 馬士年：《陝西回族人民參加辛亥革命的經過》，《西安文史資料》第 1 輯。

15. 馬肇曾：《懷寧馬氏宗譜》，《中國穆斯林》1986 年第 2 期。

16. （美）白莉著，孫萍、丁明俊譯：《中國穆斯林一千三百年歷史年表》，《寧夏社會科學通訊》1987 年第 3 期。

17. 穆德全：《元代回回人分布江浙考》，《河南大學學報》1984 年第 1 期。

18. 瞿林東：《白壽彝和 20 世紀中國史學》，《回族研究》2003 年第 2 期。

19. 上海廣學會：《萬國公報》，辛醜年（1910 年）正月。

20. 湯開健：《夢溪筆談「回回」一詞再釋》，《民族研究》1984 年第 1 期。

21. 王連芳：《冀中邊區回民支隊成長的片段記憶》，《寧夏大學學報》1984 年第 1 期。

22. 王希隆：《蔡大愚先生傳略：為紀念蘭州大學建校 90 年而作》，《西北少數民族史研究》，民族出版社，2003 年。

23. 魏福凱：《回族人民抗日的一面旗幟》，《北京黨史研究》1997 年第 4 期。

24 《（中山府）重建禮拜寺記》，《文物》1961 年第 8 期。

25.《中國民族報》第 3 版 2003 年 10 月 17 日。

26. 許憲隆：《試論回族形成中的語言問題》，http://www.studa.net/

27. 張維：《故清振威將軍記名總兵臨夏馬公紀念碑文》，轉引自《回族對偉大祖國的貢獻》。

參考書目

後記

　　本書對回族傳統文化作了全面而簡明的介紹。我們深知回族傳統文化博大精深，要編撰好這樣的教材實在不是一件易事。但我們依然不揣淺陋，知難而上，這既是因為我們對編撰這樣一本教材的必要性和迫切性有著深刻的認識，同時也是因為這一領域裡的前輩和時賢已做了大量研究工作，有較豐富的成果可供我們汲取。我們希望這本教材有助於學生透過認識回族的歷史文化，樹立正確的人生觀和世界觀，增強民族自信心和自豪感。

　　本書大綱由敏賢麟擬訂。本書撰寫分工情況如下，敏賢麟：第一章、第二章、第三章、第四章、第五章、第十三章；馬仲榮：第六章、第七章、第八章、第九章、第十一章；敏云：第十章、第十二章。全書最後由敏賢麟統一審閱定稿。

　　在本書的編寫過程中，參考並吸收了同類書籍和學術界的許多內容及最新研究成果，在此，我們表示對原作者的深深謝意。敏雲在材料蒐集、整理方面做了大量艱辛的工作。沙勇在繁忙工作之餘，幫助蒐集、整理了部分資料。王瑋協調出版工作，在此一併表示感謝。

　　由於篇幅和教學時數的限制，本書無論在觀點陳述還是材料鋪排方面都只是概要性的。對於學習和了解整個回族傳統文化，它只能造成類似於嚮導的作用。如果希望進一步詳盡探究回族傳統文化的具體內容，讀者無疑還需進一步閱讀有關著述。本書末尾所附的「主要參考文獻」目錄可視為我們向讀者推薦閱讀的一份書單。

編者

「回回」民族學：

四大藥方、「兩世」理念、阿拉伯書法、「合法」飲食、經堂教育，從唐宋時期的歷史簡述到當今社會的回族文化

主　　編：敏賢麟

發 行 人：黃振庭

出 版 者：崧燁文化事業有限公司

發 行 者：崧燁文化事業有限公司

E-mail：sonbookservice@gmail.com

粉 絲 頁：https://www.facebook.com/
　　　　　sonbookss/

網　　址：https://sonbook.net/

地　　址：台北市中正區重慶南路一段六十一號八
　　　　　樓 815 室

Rm. 815, 8F., No.61, Sec. 1, Chongqing S. Rd.,
Zhongzheng Dist., Taipei City 100, Taiwan

電　　話：(02)2370-3310

傳　　真：(02)2388-1990

印　　刷：京峯彩色印刷有限公司（京峰數位）

律師顧問：廣華律師事務所 張珮琦律師

定　　價：350 元

發行日期：2023 年 02 月第一版

◎本書以 POD 印製

國家圖書館出版品預行編目資料

「回回」民族學：四大藥方、「兩世」理念、阿拉伯書法、「合法」飲食、經堂教育，從唐宋時期的歷史簡述到當今社會的回族文化 / 敏賢麟主編 . -- 第一版 . -- 臺北市：崧燁文化事業有限公司 , 2023.02
面；　公分
POD 版
ISBN 978-626-357-070-2(平裝)
1.CST：回族 2.CST：民族文化
3.CST：民族史
536.24　111021831

電子書購買

臉書